天竜川百話

天竜川百話

はじめに

天竜川は諏訪湖を源流に長野、愛知、静岡県を通って太平洋・遠州灘に注ぐ、長さ二百十三キロの大河川です。全国の多くの川が流域の住民の心のふるさととして親しまれているように、天竜川も昔から流域の三県の県民の心のよりどころとなってきました。経済発展による住民生活の変化や、治山治水の社会的な要請などによって昔の姿を少しずつ変えてきましたが、今でもなくてはならないオアシスのような存在であることに異論はないでしょう。静岡新聞社ではその天竜川の歴史、文化、動植物などの自然、淡水生物などの移り変わりをもう一度検証し、記録として残そうと平成十七年から二年間にわたり新聞紙上で「天竜川百話」として連載しました。静岡産業大教授の中村羊一郎氏ら各分野の専門家十八人の方々に執筆して頂きました。刊行にあたり、改めて感謝申し上げるとともに、資料提供などご協力いただいた国土交通省浜松河川国道事務所にもお礼申し上げます。

静岡新聞社常務取締役（前取締役浜松総局長）　鈴木一紘

目次

※文中の地名は新聞掲載時のままとしました。

【自然編】

松本繁樹

（まつもと・しげき）静岡大名誉教授、静岡産業大元教授。理学博士。専門は地理学・地形学。「山地・河川の自然と文化」（大明堂・原書房）、「焼畑研究雑考」（静岡新聞社）など著書多数。1937年広島県生まれ。静岡市葵区在住。

土砂集め急勾配一気に
暴れ天竜

「天竜」とは天上の龍神のことを指す。高雅な名をもつ天竜川には、「暴れ天竜」という猛々《たけだけ》しい別称もある。

諏訪湖に発した天竜川は、西の木曽山脈（中央アルプス）と東の伊那山地との間の伊那谷を南流して佐久間町で静岡県下に入る。天竜市鹿島《かじま》で浜松平野に出ると、磐田原、三方原《みかたはら》の東西両台地の間を南流して遠州灘に注いでいる。その流域面積五千九十平方キロは全国で第十二位、長さの二百十三キロは第九位の大河川である。

支流には左岸、赤石山脈（南アルプス）からの三峰《みぶ》川、小渋《こしぶ》川、静岡県に入ってからは水窪《みさくぼ》川、気田《けた》川、二俣《ふたまた》川など、右岸側からは大千瀬《おおちせ》川、阿多古《あたご》川などがあり、この間、泰阜《やすおか》、平岡、佐久間、秋葉、船明《ふなぎら》などの大ダム湖がある。県内の流路延長は約九十五キロ、二俣から遠州灘までは二十五キロほどである。

「暴れ天竜」の荒々しさは、県内の三大河川、すなわち天竜川、大井川、富士川にも共通するもので、それらをまとめて「東

暴れ天竜の荒々しさがうかがえる天竜川河口付近＝遠州灘上空より撮影

海型の荒れ川・暴れ川」と呼ぶこともある。実際、大井川には「越すに越されぬ大井川」とか「海道一の大河」、富士川には「日本三大急流の一つ」という俗称もあり、「暴れ天竜」と共に、天下にその名を広く喧伝《けんでん》されてきた。

　その理由は、三大河川が日本最高の赤石山脈に源をもち、その一帯は年間三千ミリという日本有数の多雨地帯でもあるため、多量の水と土砂を集めて、南に向けて急勾配《こうばい》でいっきょに流れ下ってくるからである。しかしこれらの川は、図体《ずうたい》（流域面積）の割には、下流平野が小さい。そのわけは、急深《きゅうぶか》な遠州灘や駿河湾に流入しているからであって、上流から運ばれてきた多量の土砂も海底に拡散されてしまい、平野が大きくは成長しなかったからである。下流平野自体の平均勾配も、千分の三〜一・二という大きな値を示し、同規模河川に比べると数倍も急な勾配である。これらの川は、この急な狭い平野の上で暴れ回ってきたのであって、「暴れ天竜」という名にも、それなりの理由があったのである。

〔平成十七年六月七日掲載〕

中央構造線
九州まで延びる大断層

　日本列島には「フォッサ・マグナ」と「中央構造線」と呼ば

れる、二つの大きな裂け目の線が存在する。「フォッサ・マグナ」とは、「巨大な割れ目」というほどの意味であって、日本列島の中部を横断する巨大な陥没帯《かんぼつたい》のことを指している。この陥没帯は幅が数十キロもあって、その西側の境の線が、新潟県の糸魚《いとい》川《がわ》から諏訪湖を通って静岡市に達する、有名な「糸魚川—静岡構造線」である。もう一方の「中央構造線」は、この諏訪湖に発し、西の伊那山地と東の赤石山脈との間を通り、愛知県の豊川沿いから紀伊半島、さらには四国を縦断して、九州中部を横切っている大きな断層線のことである。

　佐久間ダムの下流まで南流してきた天竜川は、佐久間町の中《なか》部《べ》—佐久間間でこれを横断して、再度南流するようになる。中央構造線はこの中部より南では、大千瀬《おおちせ》川の谷の中を南西方向に延び、その先で愛知県の豊川へと抜けているが、反対に北へは、先の佐久間から北条《ほうじ》峠、水窪町を通って静岡、長野県境の青崩峠《あおくずれ》まで、まっすぐに北東方向へ延びている。この地帯では、中央構造線に接してその南側には、三波川《さんばがわ》帯、秩父《ちちぶ》帯、四万十《しまんと》帯と呼ばれる古い地層群が帯状に順に並び、いっぽう北側には、領家《りょうけ》帯の花崗《かこう》岩や片麻《へんま》岩などが露《あら》われている。

　青崩峠は、その名が示す通り、青灰色の大ガレ（崩壊壁）がむき出しになって、深い谷に落ちこんでいる所である。この峠道は、現在は国道152号となっているものの、脆《もろ》く足場の悪い大変な悪路であるため、通る人はほとんどない。しかしすぐ東側には「兵越峠《ひょうこし》」越えの古くからのバイパスがあって、武田信玄もここでは兵を二隊に分け、本隊は青崩峠を、支隊は兵越峠を通ったと伝えられている。青崩峠で長野県に入った中央構造線は、そこからは、西の伊那山地と東の赤石山脈との間の谷をまっすぐに北へと延び、上村《かみむら》、大鹿《おおしか》、高遠《たかとう》をへて諏訪へと達している。

　天竜川の流れる伊那谷のもう一つ東には、この中央構造線の

大千瀬川に沿って走る中央構造線＝佐久間町

深い谷の中を北上する、もう一本の古い道があったのである。それが「塩の道」としての「信州街道」であり、秋葉さんへの信仰の道としての「秋葉街道」であって、この道は、青崩峠を境に呼び名が変わるのである。

［平成十七年六月八日掲載］

台地と平野

上流からの砂礫が堆積

　天竜川が天竜市鹿島で山地を離れると、そこから先に広がっているのが遠州平野である。またの名を浜松平野ともいう。東西両側には、磐田原、三方原《みかたはら》の両台地があって、それらに挟まれ、東西幅八～十二キロ、南北約二十三キロにわたって、楔形《くさび》に広がっているのがこの平野である。

　両台地、平野とも、過去および現在の天竜川が、上流から運んできた土砂を河口付近に吐き捨ててできた堆積《たいせき》地形である。台地の高さは、磐田原で百二十～五メートル、三方原で百二十～二十五メートルで、平らな面の下は赤土と厚い砂礫《されき》層からなっている。両台地は、およそ十万年前に、当時の天竜川の河口付近にできた沖積平野が、その後ひと続きの台地として隆起し、さらにそののち、天竜川の浸食によって間の部分が削りとられたものである。大井川、安倍川の下流の牧の原、日本平は、これ

天竜川左岸に広がる磐田原台地（写真奥）＝浜北市

とほぼ同じ時代にできた台地であって、こういった台地を洪積《こうせき》台地と呼んでいる。三方原は、今でこそ浜松市の市街地化が進んでいるが、江戸時代には、水の得にくい、やせた赤土と砂礫層の台地のため、その広がりの多くは入会採草地《いりあいさいそうち》であった。

　両台地が天竜川の古い堆積地形であったのに対し、平野の方は新しい堆積地形である。この平野の山側の上流半分は、粗い砂礫からなる高燥《こうそう》な扇状地であり、海側の部分は砂や粘土からなる低湿な三角州性の低地である。扇状地部分の高度は四十～八メートルで、やや傾斜の大きな平地である。面上には網目状の乱流跡がかすかに残されていて、扇状地面形成当時、天竜川が著しく乱流していたことを物語っている。この微《かす》かな乱流の痕跡などから、奈良時代ないしはそれ以前の古い天竜川の流路までもが明らかにされている。

　海側の三角州性低地の方は、右岸側では馬込《まごめ》川の下流地域や三方原の南縁などに、左岸側では仿僧《ぼうそう》川、太田川の下流地域に広がっているが、両者ともきわめて低平で排水も悪い。後者は、南を浜堤《ひんてい》、砂丘によって封じ込められた広い潟湖《せきこ》（ラグーン）が陸化したもので、今之浦《いまのうら》川右岸には今なお大池が残されている。

［平成十七年六月九日掲載］

下流平野の洪水

常襲的な被災地で発生

　天竜川は歴史時代を通じて洪水を出し続け、川沿いの住民を苦しめ続けてきた。洪水の記録は霊亀元年（七一五）の麁玉河《あらたまがわ》でのそれを始めとして、現在までに二百数十回を数えている。そのうちの約百回は漠然とした記録である。近世に入ると洪水記録が急増する。そのうち大《おお》千瀬《ちせ》川や二俣《ふたまた》川など山間部での記録が約六十回、下流平野部でのそれは約百十回にも及んでいて、後者の半数は江戸時代、残りの半数が明治以降のものである。

　これを大井川と比べてみると、そこでは江戸時代に約百三十回を数えているが、明治以降になると約三十回と急減し、最後の大洪水は明治三十三年（一九〇〇）であった。

　これら下流平野での洪水を、その発生場所からみてみると、いわば常襲的な被災地域とでもいうべき場所があった。江戸時代では、左右両岸とも平野の中流部、ほぼ現在の東名高速道路―東海道線間での発生が多かったし、明治以降になると、扇頂に当たる北部と、東海道線以南の南部で破堤、被災することが多かった。扇頂部で多かったのは、当時ここには天竜川の河原の中に大きな川中島が複数あって、この中州の中の集落がたびたび被災したからである。その後分流の締め切りが行われ、上島《かみじま》（現浜北市）は右岸側にくっついたし、壱貫地《いっかんじ》、下神増《しもかんぞ》、松之木島（いずれも旧豊岡村）などは現在では左岸側の集落となっている。

　一方、南部の低地で破堤、洪水が集中したのは、当時、天竜川が三〜四本に分流していて、その間に掛塚輪中《かけつかわじゅう》、鶴見輪中の二つの大きな輪中があったからである。輪中というのは、ひとつないし複数の集落全体を洪水から護《まも》るため、それらを堤防でぐるりと取り囲んだものであるが、両輪中にはそれぞれ数個ずつの集落があって、しばしば被

昔は天竜川とその分流に囲まれていた磐田市壱貫地＝浜北市より撮影

災したからである。

明治以降、天竜川の近代的な治水事業は着々と進んでいったが、東西の派川が締め切られ、掛塚輪中が東岸の竜洋町（現磐田市）となり、鶴見輪中が西岸の浜松市側にくっついたのは、それぞれ昭和十九、二十六年のことであった。ここにいたってようやく、さしもの「暴れ天竜」も一本の河道内に押さえ込まれたのである。

［平成十七年六月十日掲載］

■治水・利水
風水神に祈り加護願う

およそ川には、利水の便を与え、流域の文化を育《はぐく》むという慈母としての側面と、烈《はげ》しい洪水によって人を拒むという、厳父としての側面がある。天竜川は、この両側面に関する限り、拒絶性の方が強かった。近世以前、天竜川の川沿いの住民が、暴れ狂うこの川から身の安全と田畑を護《まも》るためには、神に祈り、その加護を願うしかなかったろう。

天竜川は諏訪から流れ下る川である。この川の水を水田に引く下流沿川の人々にとっては、諏訪湖は、天竜の水神が蛇体となってこの川を遡《さかのぼ》り、竜となって天空に舞い上がる聖なる地、と考えられてきた所である。川水の源としての諏訪の神は、人々の生活に直接関わる神で

天竜川流域の各地には諏訪神社が見られ、天竜市二俣にもある

あったので、この荒れすさぶ川をなだめ治めるために、沿川の人々は、この神を水難守護神として勧請《かんじょう》することが多かった。

　実際、沿川の諏訪神社の中には、その創建伝承の中に、天竜川の洪水の際に、諏訪大社の神器やお札などが流れ着き、それを御神体として祀《まつ》ったとするものが相当数ある。天竜市船明、二俣、磐田市壱貫地（旧豊岡村）、浜松市中島などの諏訪神社がその例である。信濃の諏訪の神は、竜田《たつた》の神などと共に、わが国を代表する風の神として『日本書紀』にも登場する、古くからの強力な風・水の機能神であった。この川の常襲的破堤地点に諏訪神社が祀られていることが多いのは、そのためでもあった。

　しかしながら人間の側も、ひたすらに祈るだけではなかった。治水と利水についての知恵と技術は、着実にないしは飛躍的に進んできたのである。実際、近世においても各種の治水事業が行われてきたが、明治になると、天竜川は明治政府による第一期（明治六～十九年度）施工の十四河川の一つに指定されたし、以後断続はあるものの、各種の治水事業が引き継がれてきた。

　またこの川は、舟運の面でも、角倉了以《すみのくらりょうい》の名と共に知られているし、用水の面でも、寺谷用水、磐田用水、浜名用水、三方原用水、天竜川下流用水など、多くの水が下流各地に送られて利用されている。発電の面でも、佐久間、秋葉、船明など多数の発電所があり、天竜川水系全体の最大出力は二百万キロワットにものぼる。このように天竜川は、現在では、人々に多大の恵みを与えてくれているのである。

〔平成十七年六月十一日掲載〕

【水運編】

■小杉達■

（こすぎ・さとし）元県立高校教諭。県民俗学会会員。「東海道歴史散歩」（静岡新聞社刊）「東海道と脇街道」（同）「天竜川流域の暮らしと文化」（分担）など著書多数。1943年森町生まれ。磐田市在住。

筏流し
木材と共に文化も運ぶ

天竜川をたくさんの筏《いかだ》が下っていた。道路がない、車がないという時代には、山々で切り出した木材は、筏乗りが川を流して運ぶしか方法がなかったからである。天竜川は木材を運ぶ巨大な「川の道」であった。

筏に組むには、四メートルほどに切った木材を、幅四メートル、高さは三段に積み、それを藤のツルで固くしばる。ほぼ正方形となった木材の束二つを長い棒でしっかりとつなげて固定する。この筏に、筏乗りが前と後ろに乗って下っていく。「舟はトモ乗り、筏はヘ乗り」というように、ベテランは舟の場合は後ろに、筏は前に乗った。

急流である上、突き出た岩やカーブが多く、難所が各地にある。六メートルもある長い舵《かじ》棒を必死に操り、二人の筏乗りが呼吸を合わせて下る。天竜市の船明ダムあたりまで来ると流れはゆるやかになるから緊張がとけ、川の水を汲んで飲み、弁当を食べた。そして筏流し唄を口ずさむ。

♪おれもなりたや一升めしで
筏乗り稼業は金の花

天竜川で行われた筏流し（社団法人中部建設協会「天竜川文庫」蔵）

筏流しの歴史は古い。磐田市の国府や国分寺は、天竜川上流の木材を用いて建てたであろうから、奈良時代にさかのぼる。室町時代になると専業の筏師（筏乗り）が現れてくる。盛んになったのは江戸時代になってからである。江戸をはじめ各地に城下町ができて建設ラッシュがはじまったために、大量の木材が河口の掛塚湊《みなと》に集められ、そこから大型船で運ばれた。江戸で火事が起こると天竜川流域の木材が送られたから、北遠の山持ちと掛塚の回船問屋は潤った。このことは江戸の文化をいち早く吸収することにもなった。水窪町で俳諧が盛んになり、佐久間町で歌舞伎が流行し、掛塚に屋台文化が根付いたのはその例である。天竜川流域は江戸と身近な関係にあった。

明治中期に東海道線が開通すると、筏は浜松市中野町や磐田市池田に陸揚げされ、そこから軌道で天竜川駅、あるいは磐田駅に送って鉄道で運ぶようになった。洪水のために木材は流失し、筏を失うという不幸もあったが、明治から昭和になっても大量の筏が流されてきた。しかし、昭和三十一年に佐久間ダム、同三十三年に秋葉ダムができて、天竜川の筏流しは終わった。

［平成十七年六月十四日掲載］

帆かけ舟

風を利用し、往来楽に

山村の産物を下流の消費地へ運ぶのに、舟を利用した。荷物は、板や柱をはじめ、杉皮や柿《こけら》板《いた》などの屋根の材料、それに炭や薪が多かった。これを荷舟という。

舟は水の流れにしたがって棹《さお》と櫂《かい》（ヘラという）を操って下っていくが、行けば戻ってこなくてはならない。この点が一方通行の筏《いかだ》と大きく異なる。また天竜川の舟は櫓《ろ》を用いない点が海辺の舟と異なった。

水の流れに逆らって上流に上っていくには、舟に綱をつけて引っ張っていかなくてはならない。引き舟といい、四十メートルもある綱を二人か三人で河原をゆっくり歩いて引っ張る。急流にくると四つん這《ば》いになって引く。紺の腹掛けに六尺ふんどし、冬でも裸足《はだし》にワラジばき。風は寒く水は冷たいが、そればかりでなくヒビとアカギレが痛かった。

だが、春の彼岸過ぎから秋の彼岸の前までは南風が吹く。その風を利用して帆を張り「帆かけ舟」にした。風の力で楽々と上ることができたから、引き舟の数倍も早く動かすことができ、身体も楽だった。

大型の舟に高瀬舟（角倉舟《すみのくらぶね》）と鵜飼舟があった。どちらも長さは十三メートルほどであるが、高瀬舟の方が幅は広くて、米を五十俵ほど積むことができた。スマートな鵜飼舟は、川が狭くて急流である佐久間町以北で用いた。

秋葉ダムの東岸、龍山村戸倉の船頭の行動から、舟による荷物運びの実態をみてみよう。

明治になって改良され、上流から下流まで使うことができる鵜飼サッパという舟に、角材や板を積んで、父親と弟の三人で浜松市中野町の問屋に届ける。その日は近所の人に頼まれた米や味噌、日用品を買って船宿に泊まり、翌日は舟を引いて天竜市二俣で泊まる。そして三日目の夕方に戸倉に帰る。下りは半

かつて天竜川では帆かけ舟が往来していた（社団法人中部建設協会「天竜川文庫」蔵）

日、上りは二日の行程であった。

上流の長野県天竜村まで木炭を運びに行ったときは、戸倉から空き舟を引いて佐久間町中部と山室（佐久間ダムの水没地）で泊まり、三日目に天竜村坂部に着く。そこに二泊して炭を積み、五日目は戸倉の自宅に泊まって六日目に中野町へ荷物を届けた。家に帰るのは八日目。夏なら帆かけ舟にするから二〜三日は短縮できた。

天竜市鹿島の花火を帆かけ舟に乗って見に行った人も多い。川には帆かけ舟がよく似合った。

［平成十七年六月二十一日掲載］

鉱石舟
近代日本の産業支える

北遠は天竜材と呼ばれる良質な木材を産出するが、それだけではなく鉱物資源の宝庫でもあった。久根鉱山や峰之沢鉱山は、大量の銅を産出して、近代日本の産業を支えてきた。

佐久間町にあった久根鉱山は、栃木県の足尾銅山を開発したことで有名な古河市兵衛が、明治三十三年に経営に乗り出し、日露戦争や第一次世界大戦で事業を拡大した。大正五年には従業員が千人以上もいて、産出した鉱石は二百五十艘《そう》もある会社のサッパ舟に乗せ、天竜川

久根鉱山の鉱石舟の帆にはヤマイチの印が見える（社団法人中部建設協会「天竜川文庫」蔵）

を運んだ。これを「鉱石舟」と呼んだ。水夫（船頭）たちは龍山村戸倉や天竜市川口の長屋に住んでいたが、岐阜県や山梨県からきた人が多かった。

　峰之沢鉱山は、秋葉ダム東側の山の斜面、龍山村下平山にあった。明治四十年に大阪の久《く》原《はら》房之助が経営するようになってから規模が拡大し、昭和三十年代には世帯数・人口とも龍山村全村の半数を占めたほどである。

　鉱石舟は、帆で見分けた。久根鉱山は白い帆に∧型に一をつけていたからヤマイチ、峰之沢鉱山は○印であるからマルと呼ばれていた。個人所有の荷舟は白帆であった。

　このほか紙を積んだ舟もあった。春野町気田にできた王子製紙のパルプ工場から、気田川を通って天竜川を下った「紙舟」である。東海道線が開通した明治二十二年に、輸送が便利であるということと、紙の原料であるモミやツガがたくさんあるということで気田に開設され、木材パルプによる日本で最初の本格的な紙を生産した。同三十二年に佐久間町中部に移転して稼働したが、そこも原料の木材を切り尽くしたので大正十三年に北海道に移った。

　天竜川は、近代産業を支えた鉱石舟や紙舟が通る道であった。

　もう一つ忘れてはならない舟

に、プロペラ船がある。荷物ではなく、人を少しでも早く運ぶために導入したもので、大正十一年に佐久間町西渡（はじめは龍山村西川）と天竜市鹿島の間を運航した。世間では「飛行艇」と呼んだが、運賃が高いために利用者は少なく、昭和六年に解散した。

［平成十七年六月二十八日掲載］

川普請・陸普請
家康の命令で〝道〟整備

長野県飯田市の天竜峡から佐久間に至る信三遠の国境地帯は、川幅が狭く、岩がとびだしている。滝のようになっているところも多い。急流を流れ下る舟は、水面に出ている大石にぶつかるか、水にもぐっている石に舟底を割られるか、それとも滝のように落差の大きなところで転覆してしまうことが多かった。このため筏とは異なって舟の利用は少なかった。

その困難を打破しようとしたのが徳川家康である。家康は、内陸である甲州や信州の年貢米を運ぶために、富士川と天竜川を利用しようとした。大量の物資を、安価に運ぶには馬を利用するよりも舟で運送する方が効率的であると考えたからである。

京都の大堰《おおい》川（保津川・桂川水系）を開通させた豪商の角倉了以《すみのくらりょうい》に命じて、舟が行き来できるようにさせた。富士川の方は成功したけれど、天竜川はできなかった。それほど天竜川は険しい川であった。

流域の人々は、岩を取り除いて舟が通る道を作る工事を続けた。これを「川普請《ぶしん》」という。さらに舟を引き上げるときに歩く道を整備した。「陸《おか》普請」である。舟を引いて絶壁に来ると、舟に乗って対岸に渡って川原を歩いて引く。両岸とも岩が壁になっていれば、岩を削って道を作らなくてはならなかった。

難所で有名な佐久間の狭石《せばいし》を遡るときは、「綱を引く道がないから鎖や綱を絶壁の上から垂らしておいて、それを舟に乗ってつかみ、少しずつ上っていっ

舟止め近くの岩に設置された舟つなぎの鉄の輪＝浜松市（旧天竜市）川口

た」という（『静岡県史』資料編13巻、548号文書）。

絵や写真で見れば牧歌的に見える舟での輸送は、舟引きの汗と涙と丈夫な肉体に依存していたのである。

このような状態であったから、年貢米を大量に運ぶことができず、家康の思惑は外れた。それでも江戸初期から少しずつ信州の米を下して水窪や龍山などに運ぶ船頭はいた。北遠の人たちは信州の米を食べていたのである。遠州の平野から引き上げるだけの力はまだなかった。天竜川の舟運が盛んになるのは江戸中期からであり、本格的になったのは明治になってからである。

［平成十七年七月五日掲載］

掛塚湊

産物出荷、繁栄極める

天竜川の河口は、天然の港になっていた。掛塚湊といい、上流から送られてくる膨大な木材や茶、シイタケ、木炭、綿、年貢米、榑木《くれき》（屋根葺きの板材）などを、大型船に載せ替えて江戸などへ送り出していた。舟運と海運の両方の機能をもつ港であったから、大いに繁栄したところである。

川舟の港は人家が密集している川沿いにあった。そこには流れ下った荷物を保管する倉庫があり、木挽《こび》きが木材を板や角材

江戸帰りの回船が船を安定させるために持ち帰った伊豆石で建てた石蔵＝磐田市掛塚

にするリンバ（小屋）があった。海の港は人家から離れた河口にあった。そこに停泊した回船（大型の海の船）にハシケで荷物を運んで積み込んだ。この港は、河口が砂で埋まって浅くなるから千石船のような大きな船は入港することが難しい。三百石～五百石ほどの船が多かった。

港としては決して良好ではなかったけれど、出荷する産物は多かったので、回船問屋関係者はもちろん、船乗り、筏乗り、木挽き、船大工、人足などがたくさんいて、「掛塚に行けば仕事にありつける」といわれて各地から人が集まった。それに伴って船宿、飲食店、銭湯、娯楽施設ができた。江戸時代の農村は三十～五十戸ほどであったのに、掛塚村は六百戸もあったというから、大きな港町となっていたことがわかる。

掛塚湊の回船問屋は、掛塚村の名主も兼ねていた。これは経済力のある回船問屋が政治的な発言力をもち、掛塚全体を支配していたことを示している。回船問屋の数は時代により異なるが、二十戸前後あり、回船は三十艘も四十艘もあった。江戸時代の回船の模型が氏神・貴船神社のお神輿《みこし》の中に祭り込まれていて、例祭には「海上安全」のノボリと、絢爛《けんらん》豪華な屋台とともに町を練り歩く。天竜川の舟運と、海運業による繁栄は、「遠州の小江戸」といわれるほど活気に満ちていた。

室町時代の中ごろから掛塚湊がにぎわい始め（『梅花無尽蔵』）、江戸時代から明治にかけて繁栄したけれど、東海道線が開通してからは海上輸送から陸上輸送に替わって港の機能は失われた。今は港の跡はなく、回船問屋の屋敷と、たくさんの石蔵が残っているだけである。

〔平成十七年七月十二日掲載〕

【方言編】

■山口幸洋■

（やまぐち・こうよう）　元静岡大教授、文学博士。高校卒業後、家業に従事しながら全国の方言を調査研究。静大講師、助教授、教授を経て1999年退職。新村出賞受賞。「静岡県の方言」など著書多数。1936年新居町生まれ。新居町在住。

虫の名
生活に密着身近な存在

天竜山地の豊かな自然を語る上では方言のことも欠かせない。

方言というと、面白おかしい変わった言葉のことが話題になるのが普通だが、私が最初に水窪奥地に入って驚いたのは、その豊富な虫の名、小動物の名、草木の名だった。一口に自然がいっぱいと言うけれど、私たちの住む町場とは比較にならないほど山村部の緑は濃く深い。そしていうまでもなく生物植物の種類が多いのだが、それに全部名が付いていて、村人たちがそれを詳しく知っている。中には動植物学者みたいに見分けるほどの人もいるということであった。

蜂は普通バチというが、私たちが知らない区別が多く、中にはアシンダレ（足長蜂）、オーアシンダレ（ふた紋足長蜂）、チューアシンダレ（背黒足長蜂）、コアシンダレ（ちび足長蜂）、キーバチ（細足長蜂）、シシンバチ（スズメ蜂）、アカンバチ（黄色スズメ蜂）、カナンバチ（黒スズメ蜂）、タネバチ（女

浜松市水窪町は豊かな自然の山々に囲まれている＝スーパー林道（旧水窪町役場提供）

王蜂）ほか、蜂だけで二十六種類の名称がある。中でもタルキベボ（熊ん蜂）、ミツベボ（蜂蜜）のように丸っこい蜂はベボと言って区別するのであるが、虻（アボ、アボバチ）にも十種類ぐらいあって、中にベボ（水虻）、クロベボ（平山水虻）などというものもあって、土地の人でないと区別が付きにくい。

蜘蛛もグモと言って、これにもオニクホ（やま鬼蜘蛛）、ダイダイクボ（女郎蜘蛛）、ヤマクボ（大女郎蜘蛛）など十六種類がある。そういうことに詳しいのも、自然が生活に密着していて、虫が身近に親しまれていることを表しているようである。

かたつむり（デンデンムシ）の水窪方言はエーショイムシで、近頃エンシュームシという人があるということだが、正しくは「家背負い虫」で「ナメクジ（ナメッコ）」と比べている意味で適当な命名で面白いと思う。

［平成十七年七月十九日掲載］

ヤラマイカ
無邪気に人誘う掛け声

♪踊らまいかよ
踊らせまいか
村の小庄屋の広庭で

水窪独特の盆踊り歌「ノーサー」の一節だが、ここに遠州の有名な方言「～マイ」が登場

県内では珍しい古風な盆踊り「ノーサー」＝浜松市水窪町草木（旧水窪町教育委員会提供）

している。「～マイ」は「ヤラマイカ」で今、同じ天竜川沿いで生まれた有名な、本田宗一郎氏の著書で知られて遠州人の積極的な心意気を表すもののように言われているが、本当はもっと気楽に声を掛けて遊びに誘う言葉なので、どちらかといえば、無邪気に人を誘う「踊らまいか、踊らせまいか」の方が本物である。

～マイは古い文献にはないが、これも中世の未来形「～む」に由来し、「呼びかけ」が加わった文法形態で、北は富山県、西は岐阜県にも広まる中部地方の代表的方言となっている（遠州だけではない）が、商業的でなく自然な形で、民衆の中で受け継がれ育った現役の方言として貴重である。

ノーサーは静岡県に珍しい古風な盆踊りで、太鼓も笛三味線もなく、村人みんなが輪になって延々唄い継がれる素朴な形式なので、それだけにいっそう～マイに実感がこもっている。

私は一度だけ、山の中腹にあるお宅の広庭で、村人の輪に入って踊ったことがある。その時はこんな臼《うす》挽《び》き唄も教えてもらった。

♪来いと言われて行くよな夜サは
　足の軽さよ　嬉しさよ

こちらは踊りに誘われた時の嬉しさを表現する唄、「夜這いの唄だ」という陰口もあるが、臼挽き唄には夜なべ仕事の単調を紛らわす詞章が用いられたのだった。夜サという言葉は「晩」の意味で「一夜サ、二夜サ」のように数える時にも使われ、ヨサリとも言って、中部地方を含む全国各地にも残っているが、古くは『枕草子』『竹取物語』にも見える言葉である。

そういえば、天竜川流域には～マイが入っていて、昔の子供ならみんなが親しんでいた古い童謡（遊ぎ唄）がもう一つあった。

♪ツボドンツボトンお彼岸参りに行カマイカ
烏《カラス》というクソ鳥が
出ちゃあ突っつき出ちゃ
突っつき
それが怖けリャ抜けしゃあんせ

と、いうのであったが、今では田んぼにツボドン（タニシ）もいなくなり淋しくなった。

［平成十七年七月二十六日掲載］

バイネー
相手気遣う別れの言葉

昭和三十年ごろの水窪の子供たちの別れのあいさつ「さよなら」はバイネーが普通で、アバヤーという子もあったように思うが、今はどう言っているだろうか。

学校帰りの山通で別れるとき、子供たちがみんなバイネー、バイネーと言い合って別れる様子を見て、終戦後流行のアメリカ風俗、英語のグッドバイの略バイバイが水窪にも浸透しているのかと意外に思ったが、全国的にもアンバヨーとかアバーネというところは東の奥羽、関東から西の岐阜美濃地方と広い範囲でもそうだと分かって、これは江戸時代の東京（江戸）でも言ったアバヨ（案配良うの変化形）と同じ流れの言葉だと気がついた。アバヨは何かやくざが使いそうな無愛想な感じに聞こえるが、「案配良う」の元は相手の無事を気遣う優しい言葉だったのだ。英語のバイバイとは偶然の一致で、それが水窪にあったことが珍しい。

水窪ではその昔、別れるとき、

現在の児童は「バイバイ」と別れ、バイネーは使われない＝浜松市立水窪小

ノッチョイとも言ったそうで、お爺さんお婆さんがそう言っていた。私たちにはこれも初めて聞いた意味不明の不思議な言葉のように思えたが、ノッチとは「後で」ということで、ノチという言葉ならノチホド（後程）という言い方で標準語でも言う。それをノッチョイというのは「後々良いように」の意味になる。これも無事平安を祈る古風な決まり文句だと考えることができる。

方言を集めた「みさくぼ」という本には「遊び（仲間）に入れて呉れ」というとき、子供同士の「カチョイナ」という言葉が載っている。「カチョイ」「カテヨ」で、動詞カテル（加える）の命令形「加えよ」に当たる。カテルは奈良時代からある古い言葉だが、子供の遊びにそんな形で残っているのである。

水窪の西南に当たる愛知県設楽町の子供たちの昔の遊びの言葉には、遊びを中止して「後にしよう」というときの合図として、ノッチという言葉があった。ノッチョイは、奥三河のそんな古い言い方とも関連するようである。

〔平成十七年八月二日掲載〕

アテとシキ
独特の用法、広い意味

方角の「上」の意味でアテという。このアテの語源は「上《うわ》

ちょっと開けたホツに建つ高根城。後ろの山々をアテと呼ぶ＝浜松市水窪町

手《て》」だと思われるが、山の高い所ばかりでなく、「空」の意味、木の先っぽ（先端）とか地形的に自分の家の上の家も指したり、机の上に置くことも「アテへ置く」と言って標準語と比べてずいぶん広い意味を持ち、用法に水窪独特の方言性がある。

　その反対はシキで、「茶わんのシキに溜まっている水」、「川のシキの石」など「底」に近い感じで使われるが、語源は「敷き」だろうと思われる。

　このように山村の言葉には、時々、語形というより意味用法が独特で、―それが方言といえるようなものがあり、それに地域的な分布―広まりや偏りがあるということである。

　水窪の場合、静岡県内では浜松市佐久間町、愛知県では富山村、豊根村、長野県の天龍村という「三遠南信の核心部」にふさわしい共通方言が多く見られる。なお、先端の意味のウラ、ウラッポの方言としての範囲は静岡県、愛知県、長野県と中部全域に及んでいるが、元は「裏」の意味が方言的に年代が古く、偏用、転用を経ているものと思われる。そういえば水窪に目立つ地名、西浦《にしうれ》、河内浦《こうちうれ》も字は「浦」だが、意味は「裏」と言うことだと思われる。ちなみに全国的に山村で地名に「裏」を用いる例は珍しくない。

　また、水窪のアテにはもう一つ別の意味があって杉や檜《ひのき》の材木の赤み部分を特に言う。そこには用材（建築、家具木箱に使う材木）に反って扱いにくい部分を言うのであるが、元は山の斜面で日当たりの良い幹の側部分だそうで、山村らしい細かい意味の使い分けに、生活の一端が見られる。

なお、天竜奥地で良く言う山の頂上を指す「ホツ」は支脈の峰で「あのホツの向こう」のように言って、方角的な意味がある。逆に「山裾、山陰」のような意味でソンデという言葉もある。特定の場所を言うものでないので、辞書や地図に載っていない言葉でもある。

［平成十七年八月九日掲載］

民謡
思い出や生活様式回顧

水窪の臼挽き唄「コイヨ節」の一節にこんなもの悲しい詞章がある。

♪行って戸叩《たた》き
覗《のぞ》いちゃヒサル
ホシカ貰《もら》えよ
フタオヤ（両親）に

貰い子（養子）に出した子が夜中に帰ってきて外から戸を叩いて節穴から家の中を覗いてちょっとヒサル（後ずさりする）、両親がいたらホシカ（干し芋）をくれるかもしれないというのである。後ずさりするということをヒサルというのは、九州ほか全国所々にないわけではないが非常に珍しい。分布パターン（京都から見て中距離遠隔地に残存する）から見てやっぱり中世の言葉のように推定される。

ホシカというのは普通、肥料に使った「干し鰯《いわし》」のことだが、昔、残飯をそうして今の菓子のように間食に食べた。私など太平洋戦争中の貧しい食生活をつい思い出したものである。

天竜の川筋は大井川筋のように今はお茶が盛んではないが、明治時代はあちこちで茶の栽培が行われて、時期になると茶摘みも行われ、茶摘み唄、茶揉み唄が歌われた。

♪お茶師ゃケナルイ腰ミボボ

昔は茶栽培が盛んだった浜松市水窪町には今でも山の傾斜地に茶畑が見られる

つけて
　オラもつけたや腰ミボボ

腰ミボボとは腰回りに付けた前掛けのことを言ったのだが、ケナルイは「羨ましい」の方言で、中部、北陸から関西にかけて広く使っているから、天竜川筋だけの方言というわけはない。しかし、この言葉を方言と思わず、ある時、水窪の人が「浜松は道が良くてケナルイ」と言って、「水窪の人は分からない言葉を使う」と言われたことがあるそうだ。そう言うわけではなく、ほんのこの前まで、どこでも使った言葉が都会で流行らなくなると、それが地方にだけ残って方言のように思われてしまう。

方言と言われても何も恥ずかしいことではないのだが、それを方言と言って何か間違っている言葉のように思う人があるけれど、しかし、なかには地方でできた言葉でリクツに合わない新造の言葉というものもないわけではない。

〔平成十七年八月二十三日掲載〕

【災害編】

■松田香代子■

（まつだ・かよこ）愛知大非常勤講師、静岡市文化財保護審議会委員、日本民俗学会会員、松田民俗研究所代表。共著に「山と森のフォークロア」「雛の吊るし飾り」など。旧清水市生まれ。静岡市清水区在住。

大洪水
平野の網状流路に要因

明治四十四年（一九一一）八月三日から四日にかけて、熊野灘から伊勢湾に上陸した台風が長野・新潟両県を通過し、天竜川流域も大洪水に見舞われた。四日の日雨量は気田で五八三ミリ、山香で四四四ミリ、水窪で三〇五ミリであった。また、天竜川の最高水位は鹿島で七・九メートル、中瀬で五・三メートル、池田で五・〇メートル、掛塚で四・七メートルを観測した。このとき、壱貫地・三家《みつえ》辺りでは約六百メートルに渡って堤防が決壊し、寺谷新田でも約百八十メートル、匂坂上《さぎさかかみ》で五百四メートルの破堤があり、切れ所から流れ込んだ濁流が東海道線の線路を破壊して今ノ浦に及んだ。

この台風による被害は、当時磐田郡下では家屋の全壊七十七軒、半壊百八十一軒、流失百五軒、床上浸水五千四百四十六軒・床下浸水三千五百十七軒、堤防の決壊三百七十八カ所、橋梁の流失等九百九十六カ所、山崩れ五百四十カ所のほか、死者十三人、負傷者十一人、行方不明六人を出した。同様に、旧周智郡や旧浜松市でも被害は甚大で

天竜川の歴史は洪水と治水。浜松市（旧浜北市）小林に史跡として残る天宝堤

あった。

明治四十四年という年は、関東・関西・四国各地でも風水害があった年であり、天竜川流域はその前年の四十三年にも大きな洪水被害に見舞われている。これは平成十六年、日本列島全域で記録的な豪雨や台風に見舞われた状況によく似ている。

諏訪湖に源を発する「暴れ天竜」は、その流域にたびたび洪水被害をもたらしてきた。このような大災害は昭和五十七年（一九八二）まで続き、県下の中・下流域に住む人々は文字通り水害との闘いの日々であり、この被害を食い止めるべく公私ともに治水と水防の努力を繰り返してきた。


天竜川が災害を繰り返す要因の一つに、天竜川が磐田原から三方原までの広い遠州平野全体を網状に流路を変えて流れることにある。記録に残る最初の堤防修築は、天平宝字五年（七六一）の天宝堤で、その後近世を通じて川除普請がたびたび行われた。とくに宝暦—天明年間に、二俣村名主袴田甚右衛門（喜長）が私財を投じて鳥羽山を掘り割り、二俣川を付け替えたことで、水害常襲地帯であった二俣村は災害から免れるようになる。このほか河道の瀬替え、輪中集落を囲む堤防の修築、派川の締め切りなどによって、天竜川は少しずつ整備されていく。

幕末には浦川村名主の矢高濤一、近代には浜松市の金原明善などの先覚者にも恵まれ、さらに大規模な水防組織の結成によって、治水と水防が整い災害が激減するのである。

〔平成十七年八月三十日掲載〕

土砂崩れ
斜面の荒廃で土が流出

天竜川の中流部と下流平野部とでは、川の様相が大きく異なる。山間部を蛇行して流れる中流域では、どのような災害があったのであろうか。明治四十四年（一九一一）八月三日の台風は、大洪水に加えて山林の崩壊が被害を大きくした。旧龍山村（現浜松市）では、戸倉谷で大崩れがあり、埋没・半壊が各一戸、下平山では山沢が一時に出水し、山林が四ヘクタル以上も崩壊して天竜川にまで達し、死者一人、行方不明一人、全壊三戸、流失三戸を出した。

また旧佐久間町成瀬難所（現浜松市）の下流地先では、大崩壊のため土砂が天竜川を埋没し、その上流は一面の泥海と化し浦川方面まで水位が上昇した。二時間くらい堰き止められた土砂ダムが崩れ、一分間に瀬尻、青谷で一・八メートル、大嶺旧道で一・五メートル、大嶺で一・二メートル近い急激な水位上昇を生じて、平野地域へ段波となって流出し大被害を与えたという。これは平成十六年、新潟県山古志村（現長岡市）で起こった土砂崩れを彷彿させるものである。

このような土砂崩れをともなう被害が多いのは、天竜川が中央アルプス山系と南アルプス山系の間を流れ下り、しかも中央構造線など日本列島屈指の大断層を横切っているためである。脆弱《ぜいじゃく》な地質のうえ流出土砂が多く、これが上流ダムの貯水池埋没や下流部の河床上昇、海岸線後退の起因となっているのである。

天竜川の土砂崩れは、脆弱な地質のためばかりではなく、古くから行われてきた焼畑や林業による斜面の荒廃が、保水力を奪われた土の流出を促してき

現在でも大水の度に瀬が代わる鳥羽山の掘割。奥が天竜川の本流

た。浜松市安間の豪農、金原明善は治水事業に半生をかけた人物として有名だが、同時に水源涵養林の必要性から天竜川上流の植林事業も行ったといわれる。

ところで中流域の水害の特徴は、多くの支流から出水し本流へと流れ込むために、本流の水位が上がって支流へと逆流し、何日間も冠水するというものである。二俣川の合流点は鳥羽山（現浜松市二俣）の北側にあったが、近世に二俣村の名主袴田喜長が鳥羽山東側を開削して掘り割った。それでもなお二俣は、天竜川本流から二俣川を逆流する水で毎年冠水があったといい、それは昭和五十二年（一九七七）の船明ダムの完成まで続くのである。

〔平成十七年九月六日掲載〕

常襲地帯
非常時用に川舟保管も

天竜川下流平野には、多くの堤防が築かれ集落や田畑を洪水被害から守っている。とくに、輪中といって、洪水から家や田畑を守るため複数の集落を堤防で囲んだ水防共同体がある。北部には上嶋輪中（現浜松市）、南部の右岸には鶴見輪中（現浜松市）、左岸には掛塚輪中（現磐田市）があった。これらの輪中堤は、天竜川の中州に形成された集落を囲んだものである。

2メートルほど土盛りをし、周囲を河原石で固めたツカヤの上に建つ倉＝磐田市大原

水害が起こる原因は、これらの堤防が決壊するためであり、しかも同じ場所での破堤が重なる。寛政元年（一七八九）六月の大洪水では、中瀬村（現浜松市）の堤防が七百二十メートル余りも決壊し、上嶋村でも二十四戸六十七人の家屋が流出した。そのうち四十五人は屋根を切り抜いて屋上に上がり、当時右岸にあった三家村（現磐田市）に漂着して救われたが、残りの二十二人は流亡したという。

また、万延元年（一八六〇）閏五月の洪水被害も大きく、右岸の堀之内村、平間村、掛塚村、江口村、西堀村、岡村（以上現磐田市）では、百数十間余の堤防決壊があり、切れ所一帯は泥海と化して、同年秋から翌年にかけて深刻な飢餓に見舞われた。文政十、十一年（一八二七、二八）の洪水の折も同様であるが、生活が困窮して袖乞《ご》いに歩いたという記録まである。

下流平野の水害の特徴は、田畑や家が流され土地を荒廃させるほど洪水の流速が速く、しかも多量の土砂を運んだり、伏流水で土地をえぐって窪地を作り大池を残したりすることである。多量の土砂は河床を上昇させ、その後の洪水被害をさらに大きくしたのである。

このような災害に対応するため、堤防の修築はもとより、各家でもその備えは欠かせなかった。家によっては、庇《ひさし》の下に川舟を吊り下げて非常時用に保管してあった。中瀬では、これに子どもを何人か乗せて高台に避難させたという。また、出水時に米俵や畳をミズアゲダイに載せたり、便所の蓋《ふた》の上に莚《むしろ》を被せて重石を載せたりした。掛塚では、浸入してきた水の勢いで家が押し流されないように、水下の板壁をはずして家に入った水が外へ抜け出るようにしていた。大原（現磐田市）では、ツカヤといって二メートル近く高くした土台の上に倉を建て、その中に食糧や寝具を常備する家もあった。水害常襲地帯の人々は、日ごろの備えが万全で、しかも堤防が決壊して浸水するまでの時間の中で冷静に対処してきたのである。

〔平成十七年九月十三日掲載〕

潮害
命守る備え幾重にも

江戸時代に書かれた『百姓伝記』という農書がある。これには、延宝八年（一六八〇）閏《うるう》八月六日の台風によって起こった高潮被害が克明に記されている。

――《八月の富士おろしの大風の後、南からしけが襲ってきて、降る雨は潮のように塩辛く、三つ打ちつけた波のうち中の一つが大きく、はじめと後の二つは小さかったという。横須賀御城の城壁の前で波が止まった。お城から南東の村々と西の村々は潮びたりになってしまった。なかでも、東同笠村、西同笠村、大野新田、中新田、今沢新田には潮が強く当たって、この四、五か村だけで、死者は老若男女あわせて三百人におよんでいる。なお、横須賀から三里西の掛塚までが高波で、横須賀から東の浜辺はそれほどの高潮にはなっていない》――

この高潮被害を受けた横須賀藩の村々は、旧浅羽町（現袋井市）と旧大須賀町（現掛川市）にあたり、天竜川東側の傍僧《ぼうそう》川、太田川の下流平野に位置する。ここは泥質の低湿地であり、海岸線には砂州や砂丘が発達して

袋井市富里に残る浅羽大囲堤の森。堤防の機能だけでなく生活燃料を供給するヤマでもあった

いるため、豪雨時には低地部分に浸水し、しかも長時間湛水する。そこに台風などの時化《しけ》をともなう風雨が強まると、海からの高潮が堤防を乗り越えて集落や耕地を襲うのである。

　このような高潮災害から村々を守るべく築かれた潮除け堤が、浅羽庄を取り囲むように築かれた全長十四キロの「浅羽大囲堤」である。大野はこの大囲堤の外、東側に位置する。ここは、かつてナグリと呼ばれたというが、ナグリとは大風の後に起こる大波のことをいい、大野が常にナグリにさらされる危険性があったことを物語っている。

　ところで先の『百姓伝記』には、潮除け堤の築造について詳細な記述が見られる。すなわち、海岸線の堤は波にさらされて堤の下部を削られてしまうので、堤を二重に築いて「先堤」に波を受けさせ、「次堤」で潮を防ぐようにする。また時化る時には大雨が降り、堤内の田地は満水になる。堤外の波は堤内の水位よりも高いので、満水の田に潮が入った時には防ぎようがないが、水の少ない田に潮水が入るより作物の被害は少ない。さらに、潮が引く時には一気に吐き出させるために、堤を何カ所も切れるように備えておく、というのである。このほか、この海岸線には家や村の中に、水塚、命山、塚山などと称する緊急避難用の人造丘を築いて、津波や高潮に備えたところもあった。海岸部では、命を守るために二重三重の備えが必要だったのである。

［平成十七年九月二十日掲載］

復興

町村を連合、水防組織

磐田市堀之内（旧竜洋町）には、旧堤にオシイガキサン（椎ケ脇神社）がまつられていた。現在は豊堀橋北側に移転されたが、八月二十四日が祭日で、水除けの神として信仰されている。かつて水防団の当番は、洪水の危険がある間は毎日交替で、本社である浜松市西鹿島（旧天竜市）の椎ケ脇神社へ参詣してから見回ったという。

一般に、天竜川流域には諏訪神社が多く、川の水源である諏訪湖周辺にまつられる諏訪大社からの勧請《かんじょう》だとされている。諏訪の神は、狩猟神、軍神、農業神、水神として信仰され、流域では洪水による神札などの漂着伝承から水難守護の性格が強い。

ところが『竜洋町史』民俗編（二〇〇五年）によれば、椎ケ脇神社は西鹿島を中心として、天竜川河口付近にまつられる非常に地域的な神だという。西鹿島では、坂上田村麿東征の折に村人が川舟で渡したことに対して、田村麿が「闇淤加美神《くらおかみのかみ》」をまつって減水を祈ったと伝える。以後、流域の水利を守り、舟楫《しゅうしゅう》の安全を保ち、堤塘《ていとう》の破壊を防いだので、天竜川の難所や水害の多い村落ではことごとく分霊をまつるようになったのだという。

このほか、流域で洪水の被害を除けるためにまつる神仏は、水神、貴船、金比羅など数多くある。また川除地蔵といい、川除け、つまり堤防を守る地蔵をまつるところもある。磐田市掛塚には焼津市小川から勧請したという小川地蔵、同市中島にも川除地蔵がまつられている。これらは、川の洪水だけではなく海と川の航海安全をも祈る対象であった。

しかしながら、単に神仏に祈るだけでは洪水は避けられない

天竜川下流域の限定した地域にある水難防除の椎ケ脇神社＝浜松市（旧天竜市）西鹿島

し、復興もままならない。現実として、災害の痛手から早く立ち直り、より速やかに元の生活に戻ることが先決問題である。当然、各村では村中総出で洪水対策を講じてきたのであるが、天竜川筋の村々を連合体として水防の組織作りをしたのは、江戸幕府勘定奉行所の普請役犬塚裕市（祐一郎）だった。天保二年（一八三一）に、「天竜川東側通御料私領水防組合」と「天竜川西側通御料私領内郷水防組合」が結成され、水防議定書が取り決められた。

そして明治十二年（一八七九）には、東縁八十カ村からなる堤防組合と、西縁百十七カ村からなる水防組合が組織された。これに掛塚・鶴見輪中などを加えて、二百三十五カ町村の大連合組合が組織されたのである。近年日本列島各地に起こった多くの災害の傷跡はいまだに癒えていない。災害からの復興には、先人の知恵から学ぶべきものが多くある。

［平成十七年九月二十七日掲載］

吉川祐子

（よしかわ・ゆうこ）中京女子大学子ども文化研究所客員教授、博士（民俗学）。文化審議会専門委員、民俗文化研究所代表、日本宗教民俗学会委員。「静岡県子ども民俗誌」「東海道と祭り」など著書多数。磐田市出身、在住。

遠州大念仏
下流平野部に広く分布

遠州の盆といえば大念仏、なかでも遠州大念仏が特に有名である。天竜川下流域の平野部に広く分布するのが遠州大念仏で、このほか念仏芸能は遠州全域に分布していた。

遠州大念仏の由来は三方ケ原の戦いにまでさかのぼり、ここで戦死した兵士の霊が害虫となって人々を脅かした。そこで、徳川家康が戦没者供養に始めたといわれている。人の命を奪うことで自らの地位を得てきた武将は、家康に限らずかなり信心深かったのである。

さて、大念仏といえば双盤《そうばん》、大きな鉦《かね》がシンボルである。全国的に念仏芸能は楽器の一つが巨大化する傾向があり、双盤を使わない東北の念仏芸能では太鼓が大きくなる。遠州では双盤である。造り替えるたびに大きくなり、音が低くなる。その上さらに幻想的な雰囲気を出すために、木から布製の桴《ばち》に変えてきた。それほど大事にされている双盤だが、戦争中には供出という憂き目に遭い、戦後復活しなかった地区もある。

天竜川流域の平野部で行われる
遠州大念仏＝浜松市鹿谷町

　供養方法や芸能部分は、今日ではほとんど統一されて遠州大念仏の形態が多くなったが、バリエーションももちろんある。三河境には、鳳来町方面の影響を受けたと思われる放下《ほうか》大念仏がある。浜松市滝沢の大念仏がそれで、浜松市熊平（旧天竜市）の大念仏もこの系統である。放下大念仏は大団扇《うちわ》を持つことに特徴があるが、太鼓の配置や打ち方、歌にも特徴がある。大念仏の根は一つだが、その表現は微妙に異なり、時代の長さと関わってきた宗教者の違いがうかがわれる。

　大念仏というのは文字通り大勢の念仏という意味で、昭和前期の古記録を見ると今よりもっと複雑な団体だった。森町から袋井市方面に今もあるカサンブクとか地蔵経という子ども念仏、この部分も実は大念仏の一部だった。袋井市木原の大念仏にこの名残がある。さらに、この部分も含めた念仏芸能は鳳来町方面に今も残されている。大念仏は、今の行政では区切れない広い文化圏を持つ芸能なのである。

〔平成十七年十月四日掲載〕

虫送り念仏

非業の死遂げた霊供養

　前回は遠州平野部の大念仏を紹介したが、今回は北遠、浜松市水窪町の念仏芸能を紹介しよ

傘鉾が欠かせない浜松市水窪町の虫送り念仏

う。先に、大念仏は今の行政では区切れない広い文化圏を持つ芸能だと締めくくった。水窪町の念仏芸能も、県境を越えた信濃側と文化圏をいつにする。生活面でも信濃との交流が盛んで、この平成の大合併に際しても、信濃側との合併のほうがよほど自然だと私は思う。それほど、その交流は長くて深い。

　この地方の念仏踊りには棒振り踊りが伝わる。遠州平野部にはない踊りだが、信濃側には伝承されている。棒振り踊りの他、太鼓踊りもあり、楽器には双盤《そうばん》もある。しかし、踊りは太鼓を抱えて円になって打ちながら踊る踊りが主で、太鼓を置くのが主体の平野部の大念仏とは大いに異なる。しかも、太鼓は平野部のものよりかなり大きい。また、念仏踊りと念仏踊りとの間には盆踊りもある。昔ながらの掛け合いの歌で優雅に踊る。念仏芸能は男性の芸能とされ、平野部では男性だけで踊る。しかし、北遠では女性も子どもも参加できる盆踊りもあり、村中が楽しめる盆の芸能となっている。

　北遠の盆芸能で注目されるのは、虫送りと称して村の要所要所で念仏を唱える行事が今も続いていることである。ただし、ここで虫というのはあの昆虫のことではない。遠州大念仏が害虫となった戦死者の霊を鎮めたのが発祥だというように、非業の死を遂げたもの、餓鬼となって十分に供養されないものをいう。

水窪町は信濃との国境の山間地で、行き倒れになった身元不明者や、山に入って帰らなかった人々がいた。そのような人の霊が、悪霊となって村を脅かさないようにと供養するのである。

水窪町の盆念仏では傘鉾が欠かせない。これは悪霊を集める装置の役目をしている。もちろん、平野部の念仏団の一部にも傘鉾は使われる。虫供養の要素を残しているのである。

この念仏踊りは、八月八日ごろから盆にかけて繰り広げられる。

［平成十七年十月十八日掲載］

花の舞
修験道色濃い霜月神楽

湯立て神楽は、釜に湯を立ててその周りで神楽を舞う神事芸能をいう。北遠から三河、信濃に分布し、霜月神楽ともいわれる。旧佐久間町は奥三河文化圏、旧水窪町は信濃の遠山文化圏で、同じ湯立て神楽でも次第の様相や舞が異なる。一番大きな違いは鬼の芸能の有無であろうか。

ここに紹介する旧佐久間町の花の舞は、県指定の無形民俗文化財で、鬼の出る芸能として有名な花祭り系統の神楽である。

誤解してもらっては困るが、四月八日のお釈迦《しゃか》様の花祭りとはなんら関係はない。この花祭りは、湯立てを伴う修験道色の濃い霜月神楽で、かつて折口信夫は、花祭りの花は稲の花の象徴だと解説した。その後、信仰の花の象徴だともいわれるようになり、この「花」の正体はいまだにベールに包まれている。

神楽の場は実に美しい。五色の切り紙で作った白蓋《びゃっかい》（舞庭につり下げられる天蓋のような飾り）や、各種の切り抜きや幣で周りを囲って異空間を作り、ここに釜を据えて湯を沸かし、その周りで舞を舞う。当地の神楽は湯立てを伴う特徴があるが、この釜を除いた装置は西日本の

20演目の舞が深夜まで続く湯立て神楽の川合花の舞＝浜松市佐久間町

備中神楽や高千穂神楽などとも共通する。この装置の下で、十月末から、川合では十八、今田では十六、峰では六種類（昔は十三種類）の舞や神事が夜を徹して行われる。

祭りの名称となっている〝花の舞〟は、子どもの舞の演目名でもある。花祭りもそうだが、舞はひと舞ずつ複雑になる。その数々の舞の基本が花の舞で、これ以降年齢に沿って上級の舞を覚えていく。本来は山伏が関与した宗教者の芸能だといわれるが、村人の演ずる芸能になった時点で、年齢階梯《かいてい》制を用いたのであろう。村組織に上手に溶け込ませた祭りである。

奥三河の花祭りでは、神事、素面の舞、面の舞、湯立て、神返しの神事と全体の形式が整っているが、佐久間町ではかなり省略がある。というものの、伝承の数々の舞のうち圧巻なのは鬼の面を被った神の舞で、花の舞には欠かせない演目の一つである。

［平成十七年十月二十五日掲載］

おくない
村の生業の安泰祈願

神楽と同様に、遠州には数々の田楽系の芸能も伝わる。その大半は合併した浜松市にあり、寺野のひよんどり、川名のひよんどり、懐山のおくない、西浦田楽、蒲神明宮の御田打ち、宇

中世から続く田遊び芸能「懐山のおくない」の三つ舞を披露する上阿多古中学の生徒

布見の息神社田遊びが挙げられる。浜松市から離れると、森町小国神社の田遊びや袋井市法多山の田遊びなどと、静岡県に伝承される田楽系の民俗芸能の大半は遠州にある。

　この芸能は、寺院の正月行事である修正会《しゅしょうえ》の総合芸能として遠州に定着し、やがて神社や村のお堂の正月行事となり今日に至ったと思われる。その定着の歴史はさまざまで、必ずしも解明できていない。分かっているのは、宗教者の芸能から村人の芸能となり、それが村の組織に組み込まれたために、今日まで残ってきたということだけである。

　ここでは、旧天竜市に伝わる国指定重要無形民俗文化財である懐山の「おくない」を紹介しよう。「おくない」は、村の修正会という意味の「おこない」が訛《なま》ったものである。芸能を行うから「おこない」に違いないが、「おこない」という名詞には特定の意味があり、村のお堂の修正会や修二会に限って使われる言葉である。

　「おくない」では、村の生業の安泰を祈願する。そこで、稲作や養蚕の作業過程を模擬的に演じて当年の豊作を予祝《よしゅく》するのだが、修正会は芸能を伴うことが多く、ことほぎの歌や呪術的な清めの舞、鬼の舞なども組み込まれている。最後に出る獅子舞は、遠州のこの種の芸能には欠かせない演目である。

伝えた宗教者は、奥三河の神楽を伝えた宗教者や鳳来寺系の宗教者と微妙にかかわりがあったとみられ、次第には似たものを伝えている。延宝三年（一六七五）の記録があり、江戸時代初期にはこの地に定着していたとみられる。

懐山も伝承者の減少問題を抱えているが、今日では中学生が覚えて伝承の火を灯し続けている。懐山の「おくない」は、正月三日泰蔵院で行われる。

〔平成十七年十一月一日掲載〕

西浦田楽
能衆伝える三百年来の舞

たくさんある遠州の田楽系芸能の筆頭は、浜松市水窪町奥領家の西浦《にしうれ》田楽である。旧正月十八日の夜、夜を徹して観音堂の庭で舞われる。地元では観音様の祭りといわれている。西浦田楽というのは文化財名なのだが、今では世間にも町内にもすっかりこちらが定着してしまった。

観音様の祭りは、村人の協力があってはじめてできる村の祭りである。ところが、能衆《のうしゅう》といわれる特定の家の人々によって執行されてきたために、いつのまにか能衆だけの祭りだと誤解されるようになった。報道関係者も研究者も、最近では地元の若い人にも定着しつつある誤解で、祭りを支えてきた村の人達とは意識の上でずれが生じている。

さて、その能衆は多少の変動はあるが、十八世紀前半の享保年間以前から続く家々である。三百年以上にわたって、当地で同じ役目を担ってきた。親から子へと世襲し、舞の一手も変えずに伝えてきた。通常ではとてもできることではない。歌舞伎のお家流に匹敵するほどの家々である。

その能衆が伝える舞は、地能《じのう》三三番とはね能一二番で、地能

月の出に合わせて舞い始める西浦田楽＝浜松市水窪町西浦地区の観音堂

には神楽舞や呪師《しゅし》芸、田楽躍《おどり》、田遊びが含まれる。はね能は面形を使う舞で、この舞い手は世襲ではない。これらの舞が終わると、最後にしずめといわれる儀式があり、田楽の庭に集まってきたすべての神々を送り返して、夜通しの祭りは終わる。

観音様のご開帳は旧正月十七日である。国指定の重要無形民俗文化財の西浦田楽でにぎわうのは翌十八日で、十八日の月が山の端に昇るといよいよ庭上がりとなり、夜を徹す芸能が始まる。参詣者にとって試練の一夜の始まりである。寒い・眠い・立ちん坊が我慢できる方は、一度観音堂の庭に立ってみるのも感慨深いであろう。ただし、最近の温暖化で暖かくなり、舞う能衆のほうがよほど試練の晩である。

［平成十七年十一月八日掲載］

【野生動物編】

■中山正典■

（なかやま・まさのり）掛川西高教諭、静大情報学部非常勤講師、日本民俗学会会員。博士（学術）。専門は日本民俗学、人文地理学。「講座日本の民俗学　環境の民俗」（雄山閣）など分担執筆多数。1957年磐田市生まれ。磐田市在住。

自然環境
人間との共存関係崩壊

天竜川中流の山間地域には、野生哺乳《ほにゅう》動物が生息できる自然環境がまだ残されている。天竜川流域の山林、山里では野生動物と人間が共存できる関係を築いてきた。しかし、現在では、森林を主な生息域とするクマ、イノシシ、ニホンジカ、ニホンカモシカなどの野生哺乳類と人間との関係は、天竜川流域の北遠地域でも、林業被害を中心として人間に害を与える「害獣」と人間との歪《ゆが》んだ関係に変わってしまい、長く続いた関係は崩れてしまった。

明治二十年代、天竜川中流域の山村から盛んに木材が切り出された。天竜川下流の掛塚、中野町、二俣では製材工場が林立し、全国に製材品が出荷された。その量は全国で一、二位を競い、良質のスギ、ヒノキである「天竜材」が全国の木材市場を席巻した。金原明善が明治十九年から浜松市龍山町瀬尻(旧龍山村)で植林事業を開始したころから天竜川中流域における育成的林業が本格的に振興し、全国でも冠たる林業振興地となった。し

カモシカと森の体験館

天竜川流域の浜松市佐久間町西渡に広がる天竜美林

かし戦後、昭和三十六年に外国材の輸入が自由化され、安い輸入木材が国産材を駆逐していった。この年、旧水窪町、旧佐久間町でも造林面積が最大となり、昭和三十七年、天竜川中流域でも木材伐採量がピークを迎えたが、その後、林業は不振を極め、今日に至っている。

一方、この地域の森林には、適当な狩猟圧がかかっていた。どの小さな山村でも猟師がいて、冬季の猟期になると山に入り、イノシシ、ニホンジカを追った。ごく稀《まれ》にクマが獲《と》れた。この適度な狩猟圧がかかっていたため、集落周辺では林業被害も農業被害も報告されることが、昭和の末年ころまでそれほどはなかった。

旧水窪町家老平に〝カモシカと森の体験館〟が平成十年に開設された。これは、北遠地方の野生動物と人間の営みである林業との関係を象徴的に語るモニュメントである。水窪町は、平成四年に県内でも先頭を切ってカモシカによる森林被害を報告し、県、国の行政機関に陳情を繰り返し、ついに平成九年より、被害を与えるカモシカを限定して、個体数調整（捕獲）に踏み切った。一方で文化庁、県の教育委員会と連携し、スーパー林道沿いのカモシカが観察できる場所にこの体験館を建設した。

当時の水窪町林業課長の遠山

満氏はこう述懐する。「あのころ（平成二年ころ）は、カモシカが憎かった。大声を上げて、県に陳情したよ。でも、森を守るということは、そこに棲《す》んでいる野生動物とも共生しなければと思うようになってきた」

〔平成十七年十一月十五日掲載〕

カモシカ
時代で揺れた保護、狩猟

天竜美林を背にした天竜川流域の山間の集落では、林業不振という厳しい経済的環境の中、その苦境に追い討ちをかけるように野生動物による林業被害が平成に入ってより顕著になってきた。特にカモシカによる林業被害は、平成二年ころより、浜松市水窪町をはじめとする北遠地方の植林地で報告され、当時、林業家たちは「受忍の限界に達した」と叫んだ。

『延喜式《えんぎしき》』（醍醐天皇の命により編集された律令時代の法典。十世紀前半に完成）には貢物として献上された「零羊（カモシカ）の角」の記載がある。カモシカの角は薬として珍重されたものらしく、飛騨、越中、越後、出羽という積雪地からの献上が多かった。遠江国、駿河国、そして現在では絶滅してしまっている伊豆国からの献上もあった。

『遠山奇談』（江戸時代十八世紀末に、遠州浜松の鹸松寺の華誘という僧が天竜川の中流域である信濃の遠山郷を旅して聞いた奇談を記録したもの）には「羚羊（カモシカ）」を捕らえようとし、手拭《ぬぐ》いや、扇子を「くるくるまはしける」とカモシカは「見とれるさま」になり、近付いて網をかけて捕らえたとしている。マタギにも伝承されている猟法である。

カモシカは大正十四年に改正された「鳥獣保護及狩猟ニ関スル法律」で狩猟対象獣から外され、法律的には許可なく狩猟できなくなった。しかし、それ以後も狩猟圧と森林環境の悪化により生息数を減らした。昭和三十年ころ、目撃することすら稀《まれ》な動物となり、全国で三千頭

浜松市水窪町に現れたカモシカ（県林業技術センター大場孝裕氏撮影）。右上はカモシカが好んで食べるヒノキの幼齢木の芽

前後まで減ってしまったという。カモシカの毛皮が高価に買い上げられたため、猟師たちはカモシカを山中に追った。浜松市水窪町の高木でも「ニク（毛皮のこと）猟師」とよばれるカモシカ猟を専門にした猟師がこのころまでいた。山林労働者の多くにとって、腰にカモシカの「尻皮」をぶら下げていることがイキであった時代である。

　昭和三十年、「文化財保護法」が制定され、この法律によりニホンカモシカは特別天然記念物に指定された。昭和三十四年には全国でカモシカの密猟者の一斉取り締まりが実施され、これより、カモシカの完全保護時代に入る。昭和四十年代の後半に入ると、林業振興地である岐阜県、長野県で植林したヒノキの幼齢木の芽をカモシカが食べてしまう被害が報告されるようになる。昭和五十三年、岐阜県がカモシカの捕獲許可を国から得、続いて、長野県、愛知県、山形県が捕獲を始めた。平成九年には、静岡県でも旧水窪町ほか五町一市が「個体数調整」という捕獲を始めた。

〔平成十七年十一月二十二日掲載〕

シカ
■好環境に個体数が急増

　ニホンジカによる林業被害も平成に入ってから次々と報告された。静岡県内で、昭和六十年に四ヘクタールの被害であったものが、平成二年には十九ヘクタールになり、平成八年には百二十四ヘクタールに、そして平成十五年には二百十九ヘクタールが報告されている。

大半が、植林地の幼齢木が「ツノトギ（角研ぎ）」とよばれる樹皮を剥《は》がれる被害で、カモシカのように幼芽を食べてしまうものもある。平成に入り急激な伸びを示している林業被害は、現在では野生動物によるものとしては最大になっている。

大場孝裕氏（静岡県林業技術センター）によるとその被害の主要因は、個体数の増加であるという。静岡県内のニホンジカの捕獲頭数は平成になって増え続けているが、被害は減らない。大場氏は、静岡県の山間部は、雪が少なく温暖な気候と広葉樹林が多いことから容易に個体数を増加させることができる自然環境があることを指摘している。生息環境が良好であると、元来繁殖力が旺盛であるシカは、急激に個体数を増加させる。捕獲者である猟師が高齢化し、捕獲頭数が増えない現状下、被害を抑える方途は見いだせないでいる。

ニホンジカは弥生時代の銅鐸《どうたく》に描かれている程、身近でかつ霊的な存在の動物であった。シカを神の使いとする奈良の春日大社は、摂関家藤原氏の氏神で、御神体がシカに乗って鹿島より現在の春日の地に渡ってきたという。シカは神の使いとして、現在も奈良公園のシカとして親しまれている。また、シカは神が喜ぶ供物の一つであった。天竜川の水源である諏訪湖に鎮座する諏訪大社では三月の酉《とり》の日の御頭祭に多数のシカの頭が供される。

シカは、人文地理学者の千葉徳爾が「狩の主賓であった」というように、中世以降巻狩で弓矢の力を試す絶好の獣と考えられていた。現在でも、野生哺乳《ほにゅう》類の中で狩猟対象としてはイノシシと並んで捕獲数が多い獣である。平成十五年度、静岡県だけでも一年間で捕獲されたシカは四千七百頭にもなる。

シカは肉のほか、毛皮はさほ

浜松市水窪町の山住峠にあるシカの案内板。右上はシカの食害を受けた植林木

ど重用されなかったが、猟師たちは「ロクジョウ（角茸）」を大切にしてきた。ロクジョウとは雄ジカの六月前後のまだ柔らかい角袋のことである。十センチほどの大きさになった角をノコギリで切り落とすと、まだ血が迸《ほとばし》り出る。これを家の軒下に半年ほど日陰干し、家で保管した。ナイフで削り、粉にして、これを水に溶いて飲む。滋養強壮剤として、または風邪のとき体力の回復に服用される。

［平成十七年十一月二十九日掲載］

オオカミ

霊力備わる神的な存在

山犬《やまいぬ》はオオカミと同義に用いられる。ニホンオオカミは残念ながら、日本において明治三十年代に絶滅したと考えられている。明治三十八年に奈良県の吉野の山中で猟師より取得したニホンオオカミの死体が、日本において最後に確認されたオオカミの個体であった。このニホンオオカミの頭骨は現在でも大英博物館に所蔵されている。

天竜川流域においても、松山義雄が報告しているように、明治十年代までは天竜川沿いの伊那谷に目撃例の伝聞があったりする。絶滅の原因は大別すると三つになる。狂犬病が飼い犬からオオカミにうつったというもの。タヌキなどの毒殺に用いられた硝酸ストリキニーネで次々

山住神社入り口に立つ山犬の石像。右上は水窪の民家入り口にある山犬のお札と呪符

と死んでいってしまったというもの。村田銃が明治時代に入って猟師に普及し、オオカミ狩りにこの銃が使われ、射殺されてしまったというもの。自然環境の変化とともにこれらの要因が複合的に結びついて絶滅していったのであろう。

　山犬に関する伝説はこの天竜川流域に多い。浜松市水窪町の山住神社は祭神を大山祇命《おおやまずみのみこと》とし、その神使として山犬が崇《あが》められ、神社の掛け軸やお札に描かれている。山住神社は天竜川流域北遠から南信濃まで広域に信仰圏を有していた社で、山住神社の秋の大祭（十一月十七日）ともなると多くの参詣者が標高一一〇〇メートル余にある神社に向かって山道を登った。必ず山住神社のお札を手に入れ家に戻り、門口に貼《は》った。家に悪霊、悪疫が入ってこないように、山犬の魔除《よ》けの霊力を借りて家を守った。

　山住神社のお札には山犬が刷り込まれており、山犬は「山住様」とも当地ではよばれる。憑《つ》き物落としの霊験が喧伝《けんでん》された。特異な病を患ったり、急におかしな言動をしたりする者がいると「クダ狐（キツネ）」が憑いたと信じられ、山住神社からお犬様のお札を借りてきて、このクダ狐を退治した。

　磐田市見付の矢奈比売《やなひめ》天神社に伝承されている「シッペイタロウ（悉平太郎）」は山犬であっ

たという。この悉平太郎は、天竜川の上流にあたる信濃の国の光前寺（現在の駒ケ根市光前寺）から連れてきたとされ、悪霊を退治し見付宿に安寧をもたらしてくれた「霊犬」として信仰されている。野本寛一氏は「山犬↓害獣↓農作物という即物的な食物連鎖が山犬信仰の基底に存在した」（『天竜川流域の暮らしと文化』下巻）と指摘し、畑を荒らす害獣を退治する山犬＝オオカミが霊力備わる神的な存在として信仰されていたという。

［平成十七年十二月六日掲載］

■クマ
マタギに〝山の神〟信仰

本州、四国に生息しているクマはツキノワグマで、既に九州地方では絶滅したと考えられている。中国地方や四国地方では、絶滅の危機に瀕《ひん》している地域個体群として、環境庁のレッドデータブックに掲載されており、ワシントン条約でも取引を厳しく制限されている世界的に見ても貴重な哺乳類である。

北遠地方の天竜川流域においても、クマは猟師でも殆《ほとん》ど目撃したことがないほどである。『特定鳥獣生息調査報告書—静岡県におけるツキノワグマの生息実態—』（静岡県刊）によると県内では、富士個体群と南アルプス個体群に分かれ、天竜川流域では、旧水窪町、旧春野町、旧佐久間町で生息が確認されるのみである。

クマによる林業被害が平成に入ってから報告されるようになり、平成十五年度、静岡県の民有林では五十一㌶《ヘクタール》もの被害報告が出ている。その大半は「クマハギ」とよばれるもので、四、五月ころ、針葉樹の造林木、それも伐期を迎えた成木に対して、樹皮を爪《つめ》や歯で引き剝《は》がし、樹皮と木質部との間の形成層部分をかじってしまう。この被害を受けたスギ、ヒノキは枯死する（これをタチガレという）か、

クマの爪や歯の跡が残るクマハギ被害を受けた成木
（県林業技術センターの大場孝裕氏提供）

枯れなくても樹皮が剥離《はくり》された部分から材内に変色や腐朽が入り、材木としての評価額を著しく下落させることになる。

旧水窪町の山奥ではこのクマハギの被害がしばしば見られる。平成十六年には、麻布山、兵越峠付近、野鳥森の下、常光寺山で、タチガレのスギ、ヒノキの成木（既に伐期を迎えた木）が確認された。このタチガレは丁度《ちょうど》クマの移動コースに従って点在する。クマは山の神そのものであるとか、山の神の使いであるという信仰がマタギ（東日本の山間で大型野生獣を狩猟対象とする専業の猟師。山言葉や多様な狩猟方法など独自の文化を持つ）には強かった。天竜川流域の佐久間、水窪の山奥でもクマを捕獲し、腑《ふ》分けをするとき、心臓は山刀で十文字に切れ込みを入れてから取り出した。これは、クマの霊力をおそれ、山の神に感謝する儀礼であると考えられている。

旧水窪町の猟師の中には家で大事に「クマノイ（熊の胆）」を保管している。熊の胆は、金と同等の価値があるとよく聞く。数グラムが何十万円で取引されたとの伝承もあるくらいである。〝万病の薬〟ともいわれ、ごく稀にしか手に入らないこともあって、その効用は神格化されている。猛々しいクマの霊力を信じてこの効用は語られる。

〔平成十七年十二月十三日掲載〕

【民話・伝説編】

■大嶋善孝■

家康と渡し

恩賞で与えられた特権

（おおしま・よしたか）県立池新田高教諭、日本民俗学会会員、日本口承文芸学会会員。専門は口承文芸。共著に「東海道と伝説」（静岡新聞社）など。1954年福岡県生まれ、菊川市在住。

遠州は、徳川家康の伝説が多い土地である。なかでも有名なものは、磐田市池田に伝わる、天竜川の渡しに関するものである。この話では、一言坂の戦いで敗れた家康は池田まで逃げて来たが誰もいないので、竹藪に隠れていた善右衛門を見付け出して、天竜川を渡してくれるように頼んだ。善右衛門は気の毒に思い、船頭衆を十人呼び出して家康を対岸に渡してやった。その恩賞として善右衛門と十人の船頭衆は天竜川の渡船の独占の特権を与えられたというのである。

さて、この伝説が事実かどうかだが、同じような話が各地にある点から考えて、事実とは言えないだろう。たとえば、東海道の新居宿でも、家康が三河方面から浜松へ渡海するときに新居の船頭が危険を冒して家康を渡したので東海道の渡船の特権を与えたというのである。あるいは、天竜川の今洲の渡しで船がなくて家康が困っていると、椎ケ脇神社の神主の孫之尉が竹の筏を作って渡した。そこで、

池田の渡しがあった天竜川河川敷には渡船場を再現した公園が整備されている＝磐田市池田

孫之尉に今洲の渡し場の支配権が与えられたという。船頭や漁民が家康を助けてさまざまな特権を与えられた話は、県内はもちろん、全国に見られる。

関西には、淀川のくらわんか船の由来がある。枚方の船は淀川を通行する船に向かって「くらわんか」と大声をあげて酒や餅を売りつけてもお構いなしとされていた。それは、大坂冬の陣で家康が真田幸村に追われたときに家康を干鰯《ほしか》船の底に隠して助けたので、恩賞として特権を与えられたからだという。

どうして、類似した伝説が全国にあるのだろう。これは、伝説の模倣が行われたと考えざるを得ないのである。ようするに、ある伝説を真似て、次々に類似した伝説が生まれたのだろう。

平成十一年に愛知県の岡崎市美術館で行われた『特別企画展矢作川』の図録を見ると、矢作橋の架け替えを祝って宝暦十二年（一七六二）に矢作神社に奉納された額の写真が載っており、そこには池田の船頭の名前や三河国各地の船頭の名前が列挙されている。図録の解説によれば、これらの船頭たちは橋の架け替えのために臨時に渡船業務をした船頭仲間だろうということだが、池田の船頭たちが矢作川まで行って他の土地の船頭たちと交流する機会があったわけである。江戸時代というと、情報の交流が盛んでないと思いがちだが、船頭や漁民が情報を交流させる機会は案外多かったのだろう。

［平成十七年十二月二十日掲載］

田村麻呂と大蛇
三千歳経た磐田海の主

坂上田村麻呂は桓武天皇の命令で東国の蝦夷《えぞ》を平定した実在の人物だが、田村麻呂が天竜川の下流と思われる大きな入り江（磐田海や袖ケ浦と呼ばれていたようである）を渡ろうとしたときの伝説がいくつも伝えられている。内山真龍が編集した『遠江国風土記伝』には、次のように記されている。

――《磐田海には赤蛇が棲み、一日に一度は舟が渡ることができるが、二度目は波を起こすので舟は必ず転覆した。その頃《ころ》将軍に任じられた田村麻呂は東国の朝廷に従わない蝦夷を平定するよう天皇から命令される。延暦十四年に田村麻呂は舟岡山（浜松市半田町）に到着するが、磐田海は広々として蛇の棲む所は分からない。田村麻呂は城飼《きこう》郡潮海寺（今の菊川市潮海寺）の薬師菩薩の霊験があったので、舟岡山に館を構える。（中略）田村麻呂が東国を平定して、戻って来ると磐田海は逆風が吹いて波が高い。しかし、薬師菩薩の霊験でおさまり、舟岡山に到着する。すると美女が現れ、仕えたいと言う。田村麻呂は怪しいと思ったが召し使うことにする。そのうち、女は妊娠したというので、産屋を作る。女は、二十日間は見ないで欲しいと言って戸を閉めてしまう。田村麻呂が怪しんで覗くと、大蛇になって八重に巻いており、生まれた子がその中にいる。田村麻呂が産屋の中に入ると、大蛇は女に戻って、この子を育ててくれれば、守り神になろう。私は三千歳を経た磐田海の主である、と言って玉を子に渡して海に戻る。田村麻呂は都に戻り子を俊光と名付けて育てる。延暦二十二年、俊光が八歳のときに蝦夷が再び反乱を起こすと、田村麻呂と俊光に平定せよとの命が下る。二人が磐田海まで来

坂上田村麻呂とゆかりのあるとされる有玉神社＝浜松市有玉南町

ると、海は大荒れだが、俊光が母からもらった玉を海に投げると、海はたちまち陸地になる。蛇は、今洲の渡しの淵に身を隠す。玉の落ちた所が有玉で、そこに有玉神社を建てた。赤蛇が棲んでいた所を赤池というが、これが上島村（浜松市上島）の赤池である》――

興味深いのは、同じような話が『袖ケ浦由来記』という名称で江戸時代に書き写され、現在もいくつもの写本が残っていることである。『遠江国風土記伝』も、「有玉村に古老の説及び一小冊の書あり」とあり、内山真龍もそうした本を見た可能性がある。

大蛇が化した美女と田村麻呂のロマンスに心を惹かれがちであるが、この話は英雄が川や沼や湖の主を退治するという全国的に見られる話の一つであり、この話が書き写された背景に洪水を繰り返した暴れ天竜に対する人々の恐れがあったことは当然である。

〔平成十七年十二月二十七日掲載〕

諏訪湖と桜ケ池
地下を通じ竜神行き来

諏訪湖は天竜川の源だが、地下で諏訪湖とつながっていると言われる池がいくつもある。

御前崎市の桜ケ池は遠州灘からさほど遠くない所にある静かな池だが、秋の彼岸の中日に赤

諏訪湖とつながっているといわれる桜ケ池＝御前崎市佐倉

飯を詰めた櫃《ひつ》を男たちが泳ぎながら沈めるお櫃納めの行事がおこなわれる。このお櫃は池に棲む竜神に供えるものとされているが、このお櫃が諏訪湖に浮かぶというのである。

同じような話は、磐田市にもある。鎌田にあった鎌田ケ池という周囲二キロもある大きな池で、魚を獲ろうと村中総出で水をかい出したが、水が全然減らず、信濃の葛井《くずい》では水位が下がったという。鎌田ケ池は諏訪湖の西の葛井に通じていて、地下に洞窟があるというのである。冬の良く晴れた日に池のほとりに立つと、地下でコトコトと水の流れる音がするという。

浜松市西山（旧天竜市）には、底なし池と呼ばれるほど深い池があったが、そこに祀られている弁天様は池に棲む大蛇をお供にして春の彼岸に諏訪湖に水を飲みに行くと言われていた。浜松市赤佐（旧浜北市）の岩水寺の本尊も寺の裏にある鍾乳洞を通って諏訪湖に通うという。川根町家山の野守の池も、浜松市春野町和泉平の新宮池も諏訪湖に通じているという。

奈良の東大寺の二月堂のお水取りに使われる井戸が若狭井と呼ばれ、お水取りの行事に先立って若狭の遠敷川の鵜ノ瀬（福井県小浜市）ではお水送りの行事が行われるというように、遠く離れた池や井戸が通じるという例は、他にもある。しかし、諏訪湖はそうした例が特に多いのである。

ところで、これらの話は、甲賀三郎の地底探検の話と関係があるかもしれない。甲賀三郎というのは伝説上の武士だが、天狗に奪われた妻の春日姫を探し求めて信濃の蓼科の人穴から地底に入り、地底の国々を巡って、最後にやはり信濃の浅間嶽から地上に出て春日姫と再会し、三郎は諏訪明神の上社として、春日姫は下社として祀られたという説話である。この話は南北朝に成立した『神道集』等に見えるものだが、諏訪湖→諏訪明神→甲賀三郎→地底の国という連想が働いたのかもしれない。

〔平成十八年一月十日掲載〕

落武者と腰立様

旅人を警戒した村人

浜松市青谷（旧天竜市）には、腰から下の病に効き目があると言われている腰立様という石塔があるが、これにはこんな話が伝わっている。昔、吉良氏と斯波氏が争っているとき、傷を負った吉良の落武者が青谷村の太郎右衛門の家に逃げて来た。太郎右衛門は落武者を助けてやった。ところが、ある日、落武者は斯波氏の武士たちに見つかって淵の中に追い詰められ、水のために腰が痛み出したところを斬られてしまう。太郎右衛門は落武者の冥福を祈るために石塔を建てた。その石塔に参詣すると腰から下の病気が治るという。

浜松市春野町にある七人塚には、こんな話が伝わっている。落武者が村を通りかかってある家で昼飯を所望した。すると主人は盗賊だと思い、七つの膳を並べて、外から障子の穴に銃口を合わせて七人の頭を狙って撃った。すると、七人の落武者は一度に死んだので、これを葬った墓を七人塚と呼ぶ。同市佐久間町にも七人塚があるが、昔、島中という村に七人の野武士がやって来た。そのうち、野武士たちが盗みを働くようになったので、村人たちは野武士たちを殺してしまった。しかし、

石塔の腰立様を参拝すると腰の病が治るといわれている＝浜松市青谷

彼らを埋めた所からうめき声が聞こえるようになり、村に不幸な出来事が続くので、七人の墓を作り、七人塚と呼んで霊を慰めることにしたという。

　これらの話はどんな意味を持っているのだろう。自分の住む世界にやって来た者、すなわち他所者《よそもの》に対して特別な感情を持つのは、日本に限らず、人類に普遍的な感情と思われるが、多くの場合、それは恐れの感情となるようである。多くの旅人や落武者が天竜川沿いの村を通ったことと思われるが、村人たちは彼らを怪しい人や恐ろしい人として警戒したことだろう。他所者を殺してしまった話は、実際にあったかどうかではなく、村人の他所者に対する警戒心の現れなのである。

　もう一つは、横死者《おうし》の霊の問題である。この世に未練を残して死んだ者、ひどい殺され方をした者の霊はあの世に行けず、この世をさまよって祟ると信じられていた。そこで霊を鎮めるために塚や石塔を建てたのだが、祟りをなす霊も懇ろに祭られると、青谷の石塔が腰から下の病気を治してくれるように、逆に村を守ってくれるのである。

［平成十八年一月十七日掲載］

椀貸し

他界観を知る手掛かりに

浜松市春野町の川上の近くにある御立願淵《ごりゅうがんぶち》には竜神の主が住んでいると言われていた。あるとき、殿様が突然やって来ることになったが、おもてなしする膳と椀がなかった。そこで困った村人は竜神様に千遍のお念仏を唱えたところ、立派な膳椀を借りることが出来た。以後はお願いしては膳椀を借りていたが、あるとき椀を一つ壊してしまい、一つ不足のまま返したところ、以後は貸してくれなくなったという。同じ春野町の和泉の近くの神明淵でも、茶碗を割って返さなかった者があってから貸してくれなくなったという。

浜松市佐久間町城西地区の向皆外《むかいがいと》の「ふちご」という淵でも、そこに住む大蛇が膳椀を貸してくれたが、あわて者が借りた椀とそうでない椀を取り違えてから貸してくれなくなったという。また、同町の今田のどんどん淵でも大蛇が膳椀を貸してくれた。そこで、村人がお礼に大蛇を食事に招待したところ、大蛇は女に化けてやって来た。ところが、大蛇がネギが嫌いだというのに無理に食べさせたところ、血を吐きながら淵に戻り、淵には大蛇が浮き上がり、以後は膳椀を借りることが出来なくなったという。浜松市千草（旧天竜市）の近くの七つ釜という淵にも同じような伝説が伝えられている。

これは全国的に分布する椀貸し伝説と呼ばれるもので、古くから注目されており、さまざまな研究がある。その一つは、木地屋《きじや》と呼ばれる轆轤《ろくろ》を使って椀などを作る職人集団との関係である。木地屋は材料となる木材を求めて全国の山々を移動する独特の文化を持つ集団であり、もともとその土地に定住している人たちと彼らとの交渉が椀貸し伝説の背景にあることは間違いないだろう。

椀や膳を貸してくれるのは大蛇や竜神、すなわち水の神であ

浜松市佐久間町向皆外の「ふちご」という淵でも椀貸し伝説がある

り、水神信仰との関係が重要になってくるが、そうした淵が竜宮に通じているという例が多いのである。ようするに、膳椀は竜宮という他界からもたらされたものであり、この伝説は日本人の他界観を知るための手がかりとなるかもしれないのである。

もう一つ注意したいのは、返し忘れた膳や椀を今も持っている家が全国各地にあるということである。しかも、そうした家の多くはたいてい旧家である。この伝説が長い間にわたって伝えられて来た背景には、自分の家に特別な膳椀があることを家の誇りとする考えがあったと思われるのである。

［平成十八年一月二十四日掲載］

小和田哲男

（おわだ・てつお）静岡大学教育学部教授、文学博士。専攻は日本中世史。「戦国武将」「豊臣秀吉」（以上中公新書）「山内一豊と千代」（日本放送出版協会）など著書多数。1944年静岡市生まれ、静岡市駿河区在住。

武田軍、遠江侵攻の基地
高根城

別名を久頭合《くずごう》城ともいい、山の形が三角形なので、地元では三角山の名で通っている。麓からの高さ、すなわち比高が百五十メートルほどあるので、典型的な山城である。

この地の国人領主奥山氏の城であるが、平成五年から進められた発掘調査の結果、元亀二年（一五七一）ないし翌三年ごろ、戦国武将武田信玄が手を入れていることが明らかとなった。信玄が青崩峠を越えて信濃から遠江に攻め込んでくる時、その足がかりの城として、それまでの小規模な高根城を大掛かりに修築したものと思われる。

城は大きく、本曲輪《くるわ》、二の曲輪、三の曲輪の三つに分けることができ、本曲輪が一番高いところに位置し、二の曲輪、三の曲輪と段々に下がる形である。三の曲輪の外側に二重の堀切が掘られ、この造りが武田氏の築いた城の手法と似ていることから、武田氏築城法によって築かれたと判断されている。

信玄が実際に信遠国境の青崩峠および兵越峠を越えて遠江に

櫓や城門、塀などが復元整備された中世の典型的な山城、高根城＝浜松市水窪町

侵攻してくるのは元亀三年十月十日のことである。その時、武田軍の兵站《へいたん》基地となったのがこの高根城であった。

　これまでは、侵攻してきた武田軍が急きょ手を入れたという程度に理解されてきたが、発掘の結果、にわかの改修程度ではなく、本格的な土木工事を行っていたことが明らかとなり、事前に工兵を送り込み、大掛かりな修築をさせていたものと思われる。

　確かに、この時の武田軍は二万五千ほどの大軍なので、ある程度しっかりした城がなければその先進めなかったと考えられる。城主だった奥山氏は武田氏になびき、その快進撃をみて、北遠の武将たちは瞬く間に武田方となった。高根城の近くの水巻城、若子城など、北遠の城はいずれもこの時、武田方に組み込まれている。

［平成十八年一月三十一日掲載］

社山城・亀井戸城
二俣城攻めの〝本拠地〟

　遠江に攻め入った武田軍は、犬居城の天野宮内右衛門景貫を道案内役として、只来《ただらい》城を攻め落としている。常識的に考えると、兵をそのまま南下させ、浜松城の支城二俣城を攻めるということになるが、信玄はいきなり二俣城を攻めるのではなく、東に進み、天方城および飯田城

社山城の本丸跡＝磐田市社山

を攻め、さらに、各和城、久野城といった、現在の森町、掛川市、袋井市方面の城を落としている。

　これは、信玄の戦略で、浜松城の有力支城である掛川城や高天神城を浜松城と遮断することを狙ったものであった。もちろん、徳川家康の方も、そうはさせじと、天竜川を越えて兵を送り込んでおり、磐田原台地の西端の一言坂では激しい戦いが繰り広げられている。家康の重臣の一人、本多平八郎忠勝の活躍がみられたのは、この一言坂の戦いであった。

　この後、信玄の軍勢は、天竜川の東岸を北上した。そのまま進めば二俣城である。しかし、ここでも、信玄は二俣城を力攻めにはしていない。その少し手前の合代島《ごうだいじま》というところに布陣をしたと諸書は伝える。

　実は合代島の陣所というのがよくわからない。家康から攻められることもあるので、平地に幕をめぐらしただけということはありえない。陣城を本陣として二俣城を攻めさせたはずである。

　一説には、社山《やしろやま》を陣城としていたという。しかし、社山なら、社山と史料に書き残されるのではなかろうか。その点、太田裕治氏のいう亀井戸城説の方が可能性がありそうである。

　亀井戸城は、規模こそ社山城ほど大きくはないが、天竜川の

亀井戸城のあった小山＝磐田市下野部

沖積平野に突き出した地形のところに位置していて、二俣方面の眺望が良い。所在地は下野部であるが、社山城より合代島に近く、信玄はここで二俣城攻めの指揮を取ったものと思われる。

〔平成十八年二月七日掲載〕

二俣城
自然の川が堀の役目

元亀三年（一五七二）十月下旬から、信玄は本格的に二俣城を攻め始めている。二俣城を守るのは、家康の家臣中根平左衛門尉正照、青木又四郎らであった。

城は天竜川と二俣川の合流点の台地の上に築かれており、城の三方が自然の川で堀の役目をする要害で、唯一、自然の川のないのが北側部分であるが、そこに大きな空堀を掘って切断している。

初め、信玄は力攻めで落とせると考え、日夜、鉦《かね》太鼓を打って攻めかかっている。しかし、容易に落ちず、結局、水の手を絶つ作戦に切り替えている。ところが、二俣城の水の手は、普通の城の水の手とは違い、城中に井戸を掘るのでなく、天竜川べりのところに井楼《せいろう》を築き、釣瓶《つるべ》を天竜川に垂らして、直接、川の水を汲み上げるという方法を取っていたのである。

そこで武田軍は、天竜川の上

二俣城の本丸に残る天守台の石垣＝浜松市二俣町

流からいくつもの筏を流し、井楼を壊す作戦を取り、ようやく、水の手を絶つことに成功したという。

　信玄が二俣城攻めにこだわったのは、二俣城を落とさないで家康の本拠の浜松城を攻めた場合、二俣城の城兵が、武田軍の背後を攻める危険があったからである。これを後詰めと呼んでおり、城の内と外から挟み撃ちにあうことを警戒したためであった。

　城中で水が涸渇《こかつ》し、城を守る中根正照らが降参してきたのは十二月十九日である。何と、二俣城兵は二カ月近くも武田軍の猛攻をはねつけていたことになる。

　中根正照は、城を出るにあたって、自分たちの身の安全を保障するよう要求し、武田方から人質を取り、天竜川を渡ったところでその人質を解放したという。

　なお、信玄は、二俣城の城番に重臣の依田信守とその子信蕃《のぶしげ》を入れている。

〔平成十八年二月十四日掲載〕

浜松城
籠城の家康おびき出す

　二俣城を受け取った信玄は、いよいよ家康の本拠の浜松城を攻めるべく、天竜川を渡った。元亀三年（一五七二）十二月二十二日の早朝のことである。

家康が17年間在城した浜松城
＝浜松市元城町

まっすぐ南下して浜松城に迫った武田軍は、途中、現在の浜松市有玉北町、有玉南町のあたりで進路を西に変え、何と、三方ケ原台地に上ってしまったのである。家康にしてみれば思ってもみなかった展開だったと思われる。

その日の正午ごろ、武田軍はさらに西北に進み、本坂道と呼ばれる、いわゆる姫街道を北へ進軍した。そのまま行けば、祝《ほう》田《だ》の坂を下り、浜名湖の北岸を通って、本坂峠を越え、三河に出てしまう。

その動きを知った家康は浜松城を飛び出し、武田軍を追った。普通、まだこの時三十一歳と若い家康が、血気にはやり飛び出して行ったとされるが、ことはそう単純ではなく、そのまま武田軍が三河、さらに尾張へ進んでしまうのを何とか阻止しなければという使命感の方が強かったものと思われる。

籠城されてしまっては浜松城を落とすのに時間がかかると判断した信玄が、家康をおびき出そうとしたわけで、家康はその作戦にまんまと乗ってしまったのである。

家康が飛び出し、三方ケ原で待ち構える武田軍に突っ込んでいったのは、時間の流れからみて、午後四時ごろである。つまり、三方ケ原の戦いは、薄暮に始まり、主な戦いは夜になっており、夜戦だったことになる。

この時の武田軍は二万五千、それに対する家康は八千、それに信長からの援軍が三千あったので、足して一万千である。家康は浜松城に逃げもどっているが、その過程で八百人の家臣を失っていた。そのまま武田軍に攻められれば家康の命は危なかったかもしれない。

［平成十八年二月二十一日掲載］

鳥羽山城

二俣奪回へ家康方築城

三方ケ原の戦いの前哨戦ともいうべき二俣城の戦いで、二俣城が武田方の手に落ちた後、信玄の家臣依田信守・信蕃父子が二俣城の城番として入り、武田方の前衛として守りについていた。

浜松城の家康にしてみれば、自分の本拠の城のすぐ近くに武田方の城があるというのは何とも我慢がならないことであった。いつか奪回したいとの思いで、二俣城のすぐ近くの鳥羽山に目をつけ、そこに城を築いている。こういう城を付城《つけじろ》と呼んでいる。敵の城に相対する城という意味で、対《たい》の城と呼ばれることもある。鳥羽山城の築城にあたったのは、家康の重臣の一人、大久保忠世である。

家康が本腰を入れて二俣城の奪還に動き始めたのは天正三年（一五七五）からである。この年五月、三河の長篠・設楽原の戦いで信長・家康連合軍が武田勝頼に圧勝したことで、それまで、遠江の高天神城および二俣城を維持していた武田軍に動揺が生じたのである。家康としては、高天神城は難しいとしても、浜松城近くの二俣城だけは何とか回復したいと、鳥羽山城のほか、二俣城を取り巻く形で、毘沙門堂砦、蜷原砦、和田ケ島砦を築き、二俣城包囲の態勢を作り上げ、同年六月から猛攻を開始している。

結局、同年十二月二十四日、依田信守・信蕃は城を守り切れず、降伏しているのである。家康も、籠城六カ月を戦った敵将の戦いぶりは高く評価し、後のことになるが、武田氏滅亡後、

鳥羽山城本丸の石垣と虎口《こぐち》＝浜松市二俣町

この依田信蕃を家臣に招いているのである。
なお、鳥羽山城には石垣があるが、これは、二俣城を攻めるための付城の時のものではなく、二俣城を落とした後、鳥羽山城を含んだ形で城郭として整備したときに積まれたものである。

［平成十八年二月二十八日掲載］

【鉄道・バス編】

■森信勝■

（もり・のぶかつ）SBS 学苑講師。専門は地方鉄道史と松本清張文学。遠鉄グループに42 年間勤務。鉄道史学会会員。「静岡県鉄道興亡史」（静岡新聞社）「平野謙　松本清張探求編」（同時代社）など著書多数。1938 年長野県生まれ。浜松市東区在住。

■人・物輸送早く大量に
飯田線、天浜鉄道

天竜川流域の長野、静岡、愛知の三県境に、昭和十二年（一九三七）三信鉄道が全線開通する。三河川合―天竜峡間六十七キロ。単線。二十七駅。動力は電気。沿線官民の出資で、その八年前に経済恐慌の中、着工した。資本金一千万円。推進者は鉄道技師浅田平太郎。沿線は線路敷きがなく、トンネルが多く、その両端は天竜川支流の深い峡谷である。豪雨になると天竜は吠えた。静かな流れだった川面は、たちまち怒涛をあげ、飯場も人も機材も船も押し流した。全盛期の従事者七千人。五十四人の尊い生命が失われた。トンネル百七十一カ所、鉄橋九十七カ所、全線距離の54パーセントを占める県内屈指の難工事であった。

三信鉄道の全通は、人と物資をより早く、容易に、大量に輸送した。中部天竜―豊橋間はバスの二分の一の二時間に短縮され、一円四十銭の運賃はバスと電車の乗り継ぎの半額となり、戦後は久根鉱山の銅精鉱を優先輸送した。

天竜川鉄橋を渡る天竜浜名湖鉄道掛川発新所原行き＝浜松市二俣町。右上はＪＲ飯田線中部天竜駅東方に建立の「三信鉄道建設工事殉職碑」

　軍事生産拡充と輸送確保で伊那、三信、鳳来寺、豊川の四私鉄は、昭和十八年（一九四三）国鉄飯田線となる。四社は豊橋―辰野間に乗り入れていた。飯田線は佐久間ダム建設輸送で多大な貢献をする。豊根口、天竜山室、白神《しらなみ》の三駅はダム湖に水没。付け替え線は佐久間、城西、水窪、大嵐ルートとなる。同六十二年（一九八七）、ＪＲ東海飯田線に民営化。佐久間レールパークは飯田線と佐久間町を活性化し、特急「伊那路」が快走、三県を結ぶ。

　天浜鉄道の前身、国鉄二俣線は、東海道線の天竜川と浜名湖の鉄橋が戦争で破壊された時の迂回路線として敷設された。同十五年（一九四〇）掛川―新所原間六十八㌔を、浜名湖北リアス式湖岸沿いに、七年かけて全線開通する。単線。動力は蒸気。二十一駅であった。

　終戦をはさみ東海道線の軍用列車と急行列車が迂回運転している。戦後は沿線住民のほか、買い出し客や行商人が多く利用したという。客車がディーゼル動車に替わる。貨物の移入は肥料、飼料、雑貨、移出の最多は金指駅のセメント、沿線から木材、石灰、ミカン、畳表、松茸などである。同駅西方に遠鉄奥山線とクロスした跨線橋が今も残っている。

　モータリゼーションの波を受け、国鉄民営化の年に第三セクター、天竜浜名湖鉄道で再スタートする。七駅新設、駅舎にユニークな歯科医院、薬局、レストラン等併設、トロッコ列車、天竜舟下りなどで積極経営を展開している。天竜二俣駅に国内唯一の転車台のある木造扇形車庫は国の登録有形文化財である。

〔平成十八年三月七日掲載〕

■遠鉄奥山線
「ラッキョ軽便」の愛称

遠州鉄道奥山線の最初の名称は、浜松軽便鉄道である。軽便とは一般に軌間（レール幅）七六二ミリなどの狭い小型鉄道のこと。大正三年（一九一四）元城―金指間に初開通。資本金三十五万円。社長は衆議院議員伊東要蔵。地元有力者と一株五十円で公募した株主の出資による軽便敷設のプロセスは、地方民営鉄道の典型であった。浜松鉄道（浜鉄）に社名変更後、同十三年（一九二四）待望の板屋町―奥山間二十五・七キロが全線開通した。

ドイツ・コッペル社製の小型蒸気機関車に、三十四人乗り客車を通常は一両牽引した。二十三駅。全線を二時間。一日九往復。単線、三方原駅で上下線列車が交換した。金指―元城間二十三銭の運賃は高く、庶民の多くは乗り慣れた乗合馬車を利用した。機関車の煙突がらっきょうに似て「ラッキョ軽便」の愛称で親しまれ、沿線の風物詩的存在となった。

日中戦争以後、奥山方広寺は武運長久を祈願する参詣客でにぎわい、不況の時世に門前の土産物屋は繁昌した。連隊前駅は終日軍服姿やその面会家族らであふれた。和地山練兵場広場での凧揚げ合戦には、客車を増結し、列車を増発した。特産の畳表、ミカンなど出貨、だが経営は苦しかった。一時期ガソリンカーを採用、戦時統制で再び機関車に戻る。その燃料は粗悪炭で火力が弱く、速度が出ず機関士泣かせであった。浜鉄は三方原台地の上り勾配との宿命的な闘いでもあった。改軌（レール

都田川鉄橋を渡る浜松鉄道「ラッキョ軽便」＝現浜松市細江町

幅を広くし大型車両導入）計画の形跡は、銭取駅跡に、四村駅舎、ホーム跡、トンネル、鉄橋跡などが今も残っている。出征する男性が社員から女性に替わり、やがて米軍機が浜松上空に飛来する。谷停留場付近では登坂力をつける機関車の黒煙を狙い、低空で列車が襲われると、乗務員は必死になって乗客を避難させたという。

　浜松大空襲で駅舎、車両、路線施設などが甚大な被害を受ける。それでも「ラッキョ軽便」は休まず疎開客、買い出し客、ヤミ屋も、満員の貨車にテントを張り懸命に走り続けた。施設の老朽化、戦災などで昭和二十二年（一九四七）遠州鉄道奥山線となる。三年後、小豆餅変電所が設置され、狭軌（七六二ミリ）のまま電化、曳馬野駅以北は電車からディーゼル動車に乗り換えた。始発東田町駅を瀟洒《しょうしゃ》な遠鉄浜松駅（現クリエート浜松）に建て替え、二俣電車線と接続し、全線を一時間十六分で走った。駅前はバスターミナルとなり、東名高速道路開通後は、遠鉄、大鉄、静鉄三社は静岡―浜松間にワンマンバスを運行した。奥山線のピークは同三十五年（一九六〇）の二百八十五万人。大型バスとの競合におよばず、同三十九年（一九六四）五十年の歴史に幕を閉じた。

　他に消えていった鉄道に軽便鉄道の中ノ町線、笠井線、西遠軌道、人が手で押した中泉軌道、北陸進出構想で県内最速だった光明電気鉄道がある。

〔平成十八年三月十四日掲載〕

国鉄佐久間線
震災、赤字で建設断念

国鉄佐久間線建設計画の歴史は古い。大正九年（一九二〇）政友会原敬内閣は鉄道省を新設、地方鉄道の整備を目指した。二年後、改正鉄道敷設法の別表63号に国鉄遠美線が登場する。掛川、二俣、愛知県大野、静岡県浦川、愛知県武節を経て、岐阜県大井（現ＪＲ中央線恵那駅）への遠江、三河、美濃を結ぶ百五十二㌔の鉄道である。戦争による東海道線の天竜川、浜名湖鉄橋の破壊に備え、国防上から起案された。天竜川流域には明治中期より掛川鉄道、遠信鉄道、磐田鉄道、天竜軽便鉄道など二十におよぶ計画案が挫折していた。

国鉄遠美線は、沿線十二町村にとって宿願の本格的鉄道であった。同十二年（一九二三）帝国議会で遠美線敷設計画法案が可決される。掛川町では大木鉄道大臣らを招き、盛大な祝賀会が挙行された。ところが、この年突如襲った関東大震災によって、その復興出費や経済不況などで延期になってしまう。

昭和十二年（一九三七）国鉄佐久間線と名称を替え、再び帝国議会で建設が可決される。が、日華事変勃発でまた工事中止となる。

戦後、佐久間線沿線が国土開発特定地域に指定される。鉄道審議会は現地調査後、建設線編入を決定した。大橋運輸大臣の指示を受けて同四十一年（一九六六）ついに着工される。遠美線ルートを変更し、起点は国鉄二俣線遠江二俣駅（現天竜浜名湖鉄道天竜二俣駅）、終点は国鉄飯田線中部天竜駅。三十五㌔の単線であった。当初計画から実に四十五年の歳月が流れていた。国鉄佐久間線は、天竜川流域の北遠地方に眠る森林資源開発、観光開発、地下資源開発、過疎対策、さらに長野、

二俣川付近に残る国鉄佐久間線橋脚と後方の線路敷き建設跡＝浜松市山東

愛知両県との産業、文化交流など各界から期待された。

しかし、総事業費が二百億円近く見込まれながら、毎年の予算はわずか三億円程度で、着工から九年の完成部分は全線の18％であった。当時、国鉄は膨大な赤字を抱えていた。昭和六十三年（一九八八）国鉄佐久間線建設同盟会を解散、建設断念を決定した。

これらの経緯から国鉄佐久間線は開通できない運命にあったといえよう。建設跡は天竜相津マリーナの「夢の架け橋」の橋脚部分のほか南部方面に随所に残っている。

ほかに計画で終わった鉄道は多い。主なものに昭和初期前後、浜松―豊橋間に浜名湖南側を遠三急行電気鉄道案、湖北側に遠三電気鉄道案とがあった。その一方で、遠州電気鉄道（現遠州鉄道）と浜松鉄道が競って浜松市内線、同郊外線案を計画、さらに浜松市営の浜松市街線案など三つ巴であった。いずれも昭和恐慌の影響と新興バスの進出などで実現していない。

［平成十八年三月二十一日掲載］

官・民営バス 合併、統合を繰り返す

天竜川流域の静岡県側に乗合バスが初登場するのは、大正九年（一九二〇）豊川鉄道の終点、長篠と、水陸交通の要

地、浦川を結んだ東三河自動車である。浜松地方では同十二年（一九二三）笠井自動車商会が、遠州物産の集散地笠井―浜松間に、浜松市街自動車商会は浜松駅から名残、伊場・鴨江・菅原への三路線が最初とされる。笠井自動車商会八木橋周助社長は路線免許が下り乗合馬車の親方へあいさつに行くと、「通ってもよいがバスは馬車を追い抜くな」と、釘を刺されたという。バスは定員六人のフォード、シボレーの改造車。運賃は笠井―浜松間三十五銭。徒歩二時間半を一時間で走り、一日五往復、タクシーにも使われた。大正末期には十社が誕生し、乱立状態となる。

　乗合バスは簡便であったが、運賃が高くぜいたくという考え方が一般的で、自動車の出現に死活問題の人力車と乗合馬車は文明の利器自動車に対し、すさまじい抵抗を示し、競争は激しく、もめごとは絶えなかった。が、昭和初期には両者はほぼ姿を消していった。

　昭和に入るとバス事業十六社は合併、買収、統合で五社に絞られる。浜松自動車は浜松地方全域に、掛塚自動車は中遠地域をエリアに、遠州乗合自動車は浜松―袋井間の国道を、気賀自動車は引佐一帯を、遠州秋葉自動車は北遠を基盤に、天竜川にプロペラ船を運航させた。定員二十人前後の船に飛行機の四十馬力エンジンを搭載し、直径二メートルのプロペラで川面を進んだ。西川―鹿島間下り二時間、上り三時間半、舟の二倍の速さで、のち中部天竜まで延長した。地形的に道路を阻まれていた住民には爆音を轟かせての運航に人気があったという。のちに遠州電気鉄道（遠電）に譲渡する坂下自動車商会は浜松―鹿島間に並走する遠電と乗客の争奪戦を展開する。バスは天竜川の河原でプロペラ船に接続したから、電車の乗客は減少した。その後、遠電はバス事業に進出する。このころ、タクシーは四十事業者二百台がひしめいていた。公共交通機関の競合は古今東西熾《し》烈である。

国道 152 号線の天竜川に架かる華麗な横山橋を抜ける遠鉄バス二俣山東発水窪町行き＝浜松市横山

浜松市営バスは、昭和十一年（一九三六）浜松循環自動車と中田島自動車を買収、西、東、北回り、佐鳴湖、中田島の五路線にバス十台で発足する。輸送ピークは同三十九年（一九六四）の二千三百九十万人。同六十一年（一九八六）、遠鉄へ民営移管する。

省営（国鉄）バスは、市営開通の翌年、豊橋—新居町間に、のち浜松駅まで延長した。佐久間ダム建設当時、天竜本線佐久間—西鹿島間の業績は全国国鉄バス路線の上位だった。

民営バス五社に四事業者は、遠電と同十八年（一九四三）合併、遠州鉄道自動車部となる。水窪線は鉄道佐久間線計画で国鉄に移管。遠鉄乗合バスの最盛期は同四十年（一九六五）の七千五百四十九万人である。

ＪＲ東海のハイウェーバスは、国鉄バスを民営化の年に受け継ぎ、天竜川に架かる東名高速道路を、浜松—東京間、名古屋—東京間に定員順守で快走する。

［平成十八年三月二十八日掲載］

遠鉄電車線
戦時中も休まずに輸送

遠州鉄道電車線は、明治四十二年（一九〇九）浜松—鹿島間の軽便鉄道開通に始まる。大日本軌道浜松支社鹿島線である。資本金四十万円。社長は東京の実業家で軽便鉄道王と呼ばれた雨宮敬次郎。十七・五キロ。単線。十七駅。全線二十六銭、一時間二十分。乗合馬車より運賃は高いが、早く乗り心地よい軽便に、次第に乗客は移っていった。天竜川を下る鉱石や製紙など鹿島で陸揚げし、雨宮式小型蒸気機関車で浜松へ輸送した。

　金原明善創設の天竜運輸が主唱し、浜松の政財界人らの尽力で大正八年（一九一九）大日本軌道から譲り受け、地元資本の遠州軌道が創立する。遠州電気鉄道に社名変更後、待望の電化が完成。軌間一〇六七ミリに改軌、全線を四十三分に短縮する。国鉄浜松駅前に三階建て遠電ビルが落成、一階は旭町駅であった。馬込駅のスイッチバック運転。国鉄東海道線との貨物接続。系列下の中ノ町線、笠井線、西遠軌道への連絡。客貨とも飛躍的に増大、沿線住民から「遠電」の愛称で親しまれていく。

　ところが未曾有の昭和恐慌が襲う。業績は年ごとに落ち、競合する新興バス対策など重大な試練に立たされる。駅新設、天竜舟下り、納涼電車、伊勢、豊川、秋葉講募集、回数券訪問販売、木材出貨誘致、給与減額、一部レイオフなど渾身の経営努力が払われた。

　遠電は、遠州地方のバス五社に四事業者と昭和十八年（一九四三）合併、遠州鉄道鉄道部となる。戦局が悪化、浜松大空襲では遠電ビルは火の海と化し、車両施設は大被害を受け犠牲者も出る。言語に絶する惨状の中で、電車は一日も休まず走り抜く。貨車はむろん、運転席にまで乗客が押し入り、運転士は直立不動のまま運転したという。終戦の年、輸送は、千五十七万人の金字塔を打ち立てる。小型で少数の老朽車両、乏しい施設、それに戦中戦後の心理的緊迫状況が続く中での数字である。

　戦後復興は急テンポで進む。大型鋼鉄車両導入。施設の近代化。国鉄二俣線遠江森駅乗り入れ。同四十年代前半の利用者増大でも終戦時の輸送に及ばない。貨物は木材、農産物、綿糸、

朝のラッシュアワー時に馬込川鉄橋を走る遠鉄電車西鹿島発新浜松行４両編成車両＝浜松市有玉南町・上島４丁目

楽器、オートバイ等を移出。石炭、コークス、綿花、米、石油等を移入した。

新浜松―助信間を昭和六十年（一九八五年）に高架化後、単線では国内屈指の十二分間隔運転、新浜松―西鹿島間三十二分で走り、二〇〇九年に開業通算百年を迎える。

全国有数の長大な天竜川鉄橋には、日本の幹線鉄道ＪＲ東海の東海道線と東海道新幹線が複線で並走する。「温故知新」の故事がある。公共交通機関の恒久的要件は安全、迅速、正確、頻度、快適、廉価、奉仕、大量、耐久、環境、採算などであろう。

［平成十八年四月四日掲載］

【チョウ編】

高橋真弓

（たかはし・まゆみ）前日本鱗翅学会会長、前静岡昆虫同好会会長。元県立高校教諭。著書は「チョウ―富士川から日本列島へ」（築地書館）など多数。1934年東京都生まれ。静岡市在住。

ギフチョウ
斑紋美しい「春の女神」

開張五十五～六十ミリ。黒と黄の縦すじからなる「だんだら模様」に赤、オレンジ、青などの斑紋を散りばめた小形の美しいアゲハチョウである。早春の短い時期に姿を現し、はかなく消えていくところから「春の女神」とも呼ばれ、日本のチョウ愛好者の間でもっとも人気のあるチョウとして知られている。

天竜川流域では、浜松市の旧天竜市と引佐地区との境界にある枯山に生息し、三月下旬から四月上旬にかけての早春期に、雑木林の間の枯れ草の上を優雅に飛ぶ姿が見られる。この時期にはギフチョウの観察や撮影のために地元ばかりでなく浜松市以外からも大勢の人々が訪れてにぎわう。

県内でギフチョウが生存しているのはこの地域と、東部の芝川町の一部だけである。一九六〇年代には、県中部の富士川、安倍川間の低山地と、西部の磐田原以西の丘陵地、低山地に分かれて分布し、多くの産地が知られていたが、広範囲にわたるスギ、ヒノキの植林とそ

「春の女神」とも呼ばれるギフチョウ

の手入れ不足によって、七〇年代の後半に大部分の産地が絶滅した。

静岡県版レッドデータブックでは準絶滅危惧種とされ、今後の保護対策が必要とされている。

九〇年代の初めに当時の引佐町ではギフチョウを町の天然記念物に指定したが、山村の過疎化と人手不足のために山は荒れる一方で、間伐をしなくなったスギ、ヒノキ林は密林となってこのチョウの食草であるヒメカンアオイの生育の場を奪った。雑木林は密生して山道にはネザサが入り込み、成虫の活動の場が失われていった。

そこで、旧引佐町では民有地の山林を買い上げ、そこに遊歩道をつくり、適当に樹林を伐採して、ギフチョウの活動に適した空間を作り出した。その後数年して、絶滅に向かっていたギフチョウは息を吹き返し、今日のような楽園を取り戻した。

この事実は、チョウを守るということはまずその生息環境を守り、またはそれを作り出すことであることを示している。チョウはもともと繁殖力の大きな動物であるが、生息環境が悪くなれば、ただ採集禁止をしただけでは必ず滅びる。長野県上高地で絶滅した「高山チョウ」ミヤマシロチョウはその最たる例といえる。マスコミ報道も俗論にとらわれず、ぜひこのようなことに留意してほしい。

〔平成十八年四月十一日掲載〕

アサギマダラ
適温求め千キロ渡る旅も

開張八十五～百五ミリの大型種でマダラチョウの一種。前羽にりん粉の少ないうす青色の部分があるのでこの名がある。

このチョウは暑さと寒さが嫌いで、季節によって一番好きな気候（温度）を求めて移動し、時には海を渡って千キロ以上の旅をすることもある。

県内では海岸に近い温暖な山地で幼虫のまま冬を越す。越冬幼虫は食草キジョラン（ガガイモ科）の葉裏についているが、小さな円形の食痕（食べたあと）があるので、わりあい楽に見つかる。

幼虫は春になると急に成長して大きくなり、食草の葉裏にぶら下がって、丸味のあるさなぎになる。さなぎは五月ごろ羽化して成虫となるが、成虫は気温が上がるにつれて、もっと涼しい山の上に移動していく。

北遠の竜頭山や常光寺山のような海抜千メートル以上の山地へ移動した成虫は、今後は山の上にある同じガガイモ科のイケマの若葉に産卵する。イケマで育った幼虫はやがてさなぎとなり、七月から九月にかけて涼しい山の上で羽化する。

成虫は八月ごろから咲き始めるキク科のヒヨドリバナが好きで、この花にたくさんの成虫が集まって蜜を吸う。ヒヨドリバナに含まれる成分が、特にオスの精子をつくるのに役立つといわれている。

十分に蜜を吸った成虫は、秋になると今度は山を下り、低いところにやってくる。低い山でギジョランに卵を生み、そこで一生を終わる成虫もあるようだが、一部はさらに南へ南へと飛び続け、ついには海を越えて奄美大島、沖縄島、台湾まで飛んでいくものもある。

これを確かめるために、油性サインペンで日付、場所、氏名などを羽のうす青色の部分に記

優雅な姿に魅了される人も多い
アサギマダラ

入して飛ばすと、遠くでこれを捕獲した人が連絡してくるというわけだ。この「アサギマダラ・プロジェクト」という事業は、大阪市立自然史博物館などで行っている。筆者はさらに羽に電話番号を記入することにしている。

このチョウは春は北へ、秋は南方へ移動する性質をもっている。

［平成十八年四月十八日掲載］

ミヤマシジミ

■河原や堤防などに生息

開張二十六～三十ミリのやや小型のシジミチョウ。ミヤマというのは深い山という意味だが、このチョウは実際にそんなに深い山にすんでいるわけではない。

羽の裏面は薄い褐色を帯びた白色であるが、前羽から後羽にかけて太いオレンジ色の縁取りがあるので、道ばたによく見られるヤマトシジミやツバメシジミと区別できる。羽の表面はオスでは強い輝きのある青紫色、メスは地味な暗褐色で後羽の縁に半月形のオレンジ斑が並んでいる。

ヨーロッパから中央アジア、シベリアを経て日本にかけて分布するやや寒地性のチョウで、日本では本州中部と関東地方の一部に見られ、主に大きな河川の河原や新しい火山の裾野など

天竜河原で見られるミヤマシジミ

にすんでいる。

県内では天竜川、大井川、安倍川などの河原や堤防、そして富士山麓の朝霧高原の南側や陸上自衛隊東富士演習場などがこのチョウの生息地となっている。

天竜川流域では主に浜北大橋から鹿島橋にかけての河原や堤防に見られ、幼虫の食物となるマメ科の小低木コマツナギの群落のあるところに発生する。

幼虫はこの植物の葉や花を食べて育ち、幼虫の背中から分泌される甘い蜜を求めてクロヤマアリなどのアリ類が集まる。アリは幼虫を襲う寄生バチや寄生バエを追い払って幼虫を守る。

幼虫の食樹コマツナギは他の植物との競争に弱く、テリハノイバラやクズなどが茂るとその中に埋もれて枯れてしまう。そこでミヤマシジミは新しくできた河原のコマツナギを求めて河川敷の中を移動していく。

天竜川を含む県内の河川では、近年の記録破りの大雨による洪水によって多くの生息地が流され、一方、これまでの生息地が他の植物の茂りすぎによって失われ、このチョウは全体として減少を続け、静岡版レッドデータブックでは準絶滅危惧種に指定されている。

浜松市では国土交通省によって天竜川堤防の一部にミヤマシジミの生息地を造成する工事が行われ、静岡市では「アドプトプログラム」により、安倍川流域の生息地での草刈り作業を通して、このチョウを守る試みが行われている。

〔平成十八年四月二十五日掲載〕

■ツマグロヒョウモン
分布範囲広げる南方種

開張はオス七十～八十ミリ、メス七十五～八十五ミリ。地色は淡いオレンジ色で小さな黒紋を散りばめたヒョウのような模様をしている。メスは前羽の前半が黒く、その中に白い帯がある。

もともと沖縄や台湾などの暖かい地方（亜熱帯）にすんでいるチョウで、県内では、以前には珍チョウであったが、九〇年代に入って急に増え始め、近頃では県内各地の住宅地や学校などの花壇などでもよく目につくようになった。昔はほとんど見ることができなかった天竜川流域の浜松市龍山、春野、佐久間、水窪などの各地区でもごく普通に見られる。

幼虫はスミレ類を食べて育つが、近年外来種のスミレ（アメリカスミレサイシンなど）が増えて、道路わきや駐車場の隅などに見られるようになった。また、ガーデニングの流行により市街地や学校などに三色スミレ（パンジー）の花壇が増え、そこでもこのチョウの数が増えた。

幼虫で冬を越すが、近年の気候の温暖化はこのチョウの幼虫の越冬に有利に働いたに違いない。今や静岡県を超えてさらに北上し、長野県、山梨県、そして南関東から北関東へと分布を広げつつある。

このチョウに続いて、二〇〇〇年に入ってからナガサキアゲハやムラサキツバメなどの南方のチョウも県内で分布を広げつつあり、これらもそのうち天竜川を北上するものと思われる。

県内にこうした南方起源のチョウが広がっていくことは喜ばしいことなのだろうか。一方では深い山地や高山にすむ寒地性のチョウが気づかないうちに減少しつつあることには注意を要する。

県内でも急激に増え始めたツマグロヒョウモン

これは必ずしも深い山のチョウではないが、以前には県下の低山や丘陵に普通に見られたやや寒地性のオオチャバネセセリはごく一部の地域を除いて、県内にはほとんど見られなくなった。一九七〇年代には北遠の白倉川上流にも生息していた「高山チョウ」のベニヒカゲはこの地域ではまったく姿を消してしまった。このようにチョウの分布の変化は環境の変化をよく反映しているといえる。

［平成十八年五月九日掲載］

クロツバメシジミ

■山や河原の岩場にすむ

開張は二十〜二十二ミリ。オスもメスも羽の表面はほぼ一様に黒褐色であるが、裏面はごく淡い褐色を帯びた白色。後羽にツバメシジミのような細い尾状突起があるが、裏面には道ばたで普通に見られるヤマトシジミのようにたくさんの黒点があることや、オスの表面が青紫色にならないことなどにより区別できる。

静岡県版レッドデータブックでは絶滅危惧種２類に属し、県内では北遠地方だけに分布し、浜松市の水窪、佐久間、龍山地区に狭い生息地が点在している。

このチョウはもともと岩場のチョウである。山腹や河原などにある古い巨岩にはキリンソ

県内でも北遠地方だけに分布するクロツバメシジミ

ウ、イワヒバなどのほか、食草となるベンケイソウ科のツメレンゲなどが生えている。
幼虫はツメレンゲの多肉葉に潜り込み、その葉肉を食べて育つ。幼虫が潜り込んでいる葉には、潜入の時に作られた孔があり、その孔から糞《ふん》の塊が出ているので、これを目当てに幼虫を見付けることができる。

成虫は普通、岩の上にいて、そこから遠くへ飛んでいくことがなく、岩上に生えたキリンソウやオノマンネングサなどの花を訪れて蜜を吸う。

岩場のチョウ、クロツバメシジミは、時には古い農家の石垣や古い道路ぎわの石垣などに発生することがある。もともと岩場に生えていたツメレンゲの種子が何らかの原因でこうした石垣に運ばれて、この植物の群落が形づくられ、そこにもともとの生息地から飛んできた母チョウが卵を産んで、それが繁殖したのかもしれない。

このチョウを守るためには、生息地となっている巨岩や崖などにコンクリートの吹き付けをしないこと、道路の幅を広げて生息地となっている崖を壊さないこと、そして古い石垣をそのまま保存することなどが必要となる。

〔平成十八年五月十六日掲載〕

【食物編】

木の実
財産代わりになった栃

中村羊一郎

（なかむら・よういちろう）
静岡産業大教授。東京教育大卒。県史編さん室長、吉田高校長などを歴任。2004年から現職。著書は「番茶と日本人」（吉川弘文館）「東海道と祭り」（静岡新聞社）など。1943年静岡市生まれ。静岡市在住。

旧水窪町と信州との境界をめぐって毎年華々しく綱引きが行われ、領土が増えた、減ったとにぎやかな話題を提供しているのが兵越《ひょうこし》峠である。そこからほど近い大沢という小さな集落で、昔の食べ物について話を伺ってからもう十年以上になる。つまずいたらそのまま落下してしまいそうな急斜面に開いたハタ（畑）をうなうには、鍬《くわ》を下から上に向かって使う。貴重な耕土を落としてしまわないための工夫だ。ハタでは麦を作る。今では珍しくなってしまった麦が、ここで暮らす人々にとって不可欠の食素材の一つである。

また、秋の彼岸ごろに真っ白い花が強烈な香りを放つソバも山村の食には欠かせない。ソバといえばそば屋の蕎麦を思い浮かべるが、細い麺にするには手がかかる。だから農家では粉のまま利用する。一番簡便なのはソバのタテコ。そば粉を湯でかき塩味をつけて食べる。また団子にして囲炉裏《いろり》の灰に埋めて焼くのも良い。私はソバボットリが気に入っている。味噌汁の余

山村の大切な食料になった栃の実。水窪町の名物「栃餅」の原料になる＝浜松市水窪町の八幡屋製菓舗

りなどにそば粉を入れ、温めながらこねるとねっとりしてくる。見たところはよくないが、口中の感触がいい。わざわざ汁を作って食べることもある。

　木の実もよく活用されている。山村の木の実といえばすぐ栃《とち》が思い浮かぶ。栃の木を伐る馬鹿、植える馬鹿ということわざめいた言い方がきかれるのは、成長の遅い栃を大切にしなさいという知恵だ。なにせ、嫁入りの持参金代わりに栃の木を持っていったという話もある。つまりその木の実を拾う権利は財産とみなされていたのである。在来種の栗も主食の一角を占めていた。水に漬けて虫を殺したのち乾燥させて保存しておく。縄文時代の遺跡として有名な青森県の三内丸山遺跡では今から五千年も前から、栗の木を栽培していたのではないかと言われるほど古い食べ物だ。同じ水窪の針間野《はりまの》で、大正時代の小学校の弁当箱の中身は栗だったという人にも会ったことがある。栗の木は腐りにくい。明治以降鉄道の枕木によいというので大量に伐採されたが、その性質が重宝されて急斜面のハタの土留めに今でも使われている。

［平成十八年五月二十三日掲載］

土味茶

■粗放な庶民の日常茶

江戸時代、天竜川上流の遠州

かつて県の天然記念物の大茶樹があった浜松市春野町野尻の茶畑は現在でもきれいに整備されている

山間部から大量のお茶が馬の背に付けられて信州に運ばれていった。記録には、その茶のことを土味茶と書いてある。おそらくドミチャと読むのだろう。今だったら、いかにも土の香りのする地場産品らしい名前としてもてはやされるかもしれない。だが、実態はもっとも安い下級茶であった。隣の愛知県には「たて茶」というのがあった。タテというのは、筵《むしろ》で作った袋のことだから、茶壺《つぼ》に入れるような茶とは対照的な庶民の日常茶をさしている。たぶん土味茶と同じものだろう。

　遠州地域における茶の歴史は古い。旧春野町の篠原《しのわら》では戦国時代の末期に茶が年貢として現物で納入されていたし、近くの野尻には今は枯れてしまったが、県の天然記念物に指定されていた大茶樹があった。かつて年貢とされたお茶は、領主がそれを売り払って収入にしたはずだから、おそらくかなり手の込んだ製法による高級茶であったろう。それに対して、土味茶というのは、詳しい製法は分からないが、きっと今でいう二番、三番の葉を摘んで、蒸してから（あるいは釜で炒った可能性もある）筵の上で揉《も》んだのち天日乾燥させた粗放な茶だったと思う。

　実は昭和三十年代までは佐久間町あたりでも鍋で炒った茶を自家用にしていた。商品としての高級煎茶が普及する前、囲炉裏にかけた薬缶にこうした茶を放り込んで一日中煮出していたものだった。

愛知県の足助《あすけ》町（現豊田市）には、寒茶《かんちゃ》という文字通り冬のさなかに作る茶がある。茶葉を蒸して日陰で乾燥させただけの、これも古い製茶法である。

ところがもっと古い時代の茶の利用法を水窪の針間野で聞いた。手近な茶葉を摘んできて、ちょうどおでんのように串《くし》にさして囲炉裏の火であぶる。これを焼き茶と呼ぶ所がある。中国や東南アジアの少数民族にも全く同じものが見られる。茶利用の原始的な技術は広くアジア全体に共有されていたのである。

［平成十八年五月三十日掲載］

救荒作物
飢饉対策にジュズダマ

飢饉のことは東北地方ではケカチという。飢渇《きかつ》という言葉がなまったもので、要するに食べ物がないという意味である。江戸時代の文書には、年貢をまけてほしいという訴えの決まり文句として、山野の葛の根まで食い尽くしたという表現が出てくる。米はめったに食べることのなかった山村の住民にとって、山野に自生する植物のなかで、食べられるものはすべて口にしていたというのが実態である。

享保十八年（一七三三）、旧天竜市内の村に代官所から「男女給物は何か」という問い合わせがあった。給物とは「タベモノ」と読む。その回答をみると、家来を使用しているような家では、麦、粟《あわ》、稗《ひえ》などを取り混ぜて朝夕食べるが正月節供には米も少々混ぜるという。しかし、下男下女つまり自分の土地を持たない貧しい人々は、秋冬までは芋、菜、大根、稗を取り混ぜて食べている。そして春に草木の芽が出ると、葛、トコロの根を掘り、ギョウブの葉、クサギの葉、ウコキ、榎の葉、藤の葉、トチナなどとともに、ワラビ、イタドリなどを摘み草して食物にしている。夏には麦ができるので、蕪《かぶ》とその干し葉、ギョウ

飢饉時にはジュズダマも食用になった（伊沢一男著「薬草カラー図鑑」より）

ブの葉、クサギなどの干し葉を取り混ぜて食べる。これが日常食であるというのである。

そういえば、飢饉対策として食べられるものを列挙したなかに、ジュズダマがあった。確かに文政年間の代官所からのお触れだったと記憶する。ジュズダマは植物学的にいえば稲の仲間であり、この変種で少し大きいのが「はと麦」である。茹でれば食べられる。

先般ラオスに行った時、焼き畑地帯の道で出会った薪《まき》を背負った少女が、片手に何か束にしたものを持っていて、それについた実を食べながら歩いているのに出会った。これが「はと麦」だった。硬い実を茎につけたまま茹《ゆ》でて、器用にむきながら食べるのである。そのつもりで見ると町の市場の片隅に、これを食べながら談笑している女性があちこちにいる。少しもらって食べてみたが、硬い殻から中身を取り出すのが難しい。それにはっきり言って何もおいしくなかった。日本のジュズダマはまだ食べたことがない。

［平成十八年六月六日掲載］

川魚
年貢にも使われた鮎

天竜の川魚といえば鮎《あゆ》である。洪水防止のための堤防工事で、太い木を地面に打ち込む時、皆で力を合わせて綱を引く作業

天竜川では鮎を求めて釣りファンが竿の放列をする

がある。この時に歌われた歌に

〽天竜河原で昼寝をすれば
　鮎の瀬のぼり夢に見た

というのがある。鮎は商品あるいは年貢の品としても重要だった。阿多古川《あたごがわ》周辺は古くから良い鮎が捕れたので、河川産物として代表的なものになっていた。

　相津村《そうづ》「鈴木家文書」には寛文十三年（一六七三）以降、鹿島村から遡った信州境までの天竜川本川通りと、わき川ともに「鮎取運上」のところという一文がみえる（『天竜市史通史』上巻）。ここでは阿多古川の鮎取りに使用された多様な網ごとに納めるべき年貢高が決められていた。例えば、投網一張が、鐚《びた》一〇〇文、やな網一張が四〇文、瀬取網一張が二〇文、巻網一張が一〇〇文、といった具合である。これによって、同じ鮎漁でもいろんな漁法が行われていたことがわかる。

　一方、身近な小川や水田でもいろんな淡水魚がとれたが、こっちはもっぱら子供たちの楽しみだった。豊岡地区でも、竹で作った多様なタイプの筌《うけ》を使って、ウナギ、カニなどを捕ったという。またイシヤマ漁といって、石の下に集まる鮎を網で囲って捕る方法や、火振りや夜振りなどといって、夜に明かりを点《とも》して水田の魚を捕ったり、ズズコ釣りといって、ミミズを餌にしてウナギを捕る方法もあった。竹や金網で作ったブッタイを使って小魚を捕るのも楽しかったという。

ヨワイ漁というのは禁止されている方法だが、山椒《さんしょう》の木の皮をむき、実と一緒に煮てから灰のアクと混ぜる。これをツトッコに入れて川に置き、足で踏むと液が流れ出して魚が浮くというもので、まさに一網打尽だった。

こうした小川や水田で捕れた小魚は身近なタンパク源としての意味が結構大きかったようだ。串にさして焼いたのを囲炉裏端で乾燥させ、保存食として大事に使った。郷愁をもって描かれるひと昔、いや、今ではもうはるか昔の家族団らんの風景に欠かすことのできない小道具である。こんな魚捕りも、子供の何気ない遊びのように見えて、実は家族全員の生命を維持する活動の一環であった。

［平成十八年六月十三日掲載］

どぶろく
祭りに欠かせぬ濁り酒

規制緩和が進行中である。法によって禁止されていることでも、地域おこしという名目がたてば、特別に規制から外れることができる。そんな中で、全国あちこちでどぶろく特区というのができている。蒸した米に麹《こうじ》を混ぜておくと自然に発酵して甘酒となり、さらにおくと酸味が加わって白い濁り酒ができる。これがどぶろくである。子供のころ、父が廊下の隅に置いた大きな白い容器に仕込んだどぶろくの出来具合を確かめるようにかき回していたのを覚えている。こんな「密造酒」が庶民のささやかな楽しみだった時代があった。

年一回の氏神の祭礼に際して、甘酒ないしどぶろくを造る、というところが遠州にはたくさんある。例えば、浜松市三ケ日町大谷の神明神社。ここのは俗に箸を立てても倒れないといわれたほど、濃厚な甘酒だったという。もちろん祭礼日に飲めるように当番が仕込むのである。

旧豊田町内には、どこの村で

浜松市三ケ日町大谷の新明宮の神饌《せん》。神前に供えられた甘酒

も祭りに振る舞う甘酒造りの道具があり、麹を作るためのムロ（麹室）があったという。中でも練炭をたいてハナ（麹花）の搗《つ》き具合を見ながら交代で温度調節をした。特に森本には同じ姓を名乗るグループの本家筋だけを仲間とする苗頭《みょうがしら》という組織があり、祭りの甘酒はこれらの人々だけでお守りしたという（『豊田町史・民俗文化史』）。

逆に上流の水窪町では全国的に有名な西浦田楽に際して、祭りの中心となる別当家が、稗《ひえ》を材料にした稗酒を造る。発酵させる大きな桶は、別当が亡くなった時の棺おけにされたという。焼き畑地帯では稗がどんなに重要な作物であったか、これからも分かる。

祭りになぜ酒がつき物かといえば、それは酔っ払うことで己を忘れ、神と交わることのできる精神状態に入るためだ。酒癖が悪いといって嫌われる人がいる。祭りを見学に行ったとき、からまれることも珍しくない。しかし、酔っ払ってこそ、祭りであったということを考えれば、その忘我の姿こそ、もっとも本来の目的に合った飲み方だったのかもしれない。

〔平成十八年六月二十日掲載〕

【淡水魚編】

■井口明■

(いぐち・あきら) 天竜川漁協事務局長。水産庁アユ人工採苗パイロット事業場で人工ふ化に取り組んだ後、天竜川漁協に入り、米沢事業場長を経て2003年から現職。1947年静岡市生まれ。浜松市在住。

アユ
1年で川と海を行き来

天竜川の代表的な魚である。別名を年魚、香魚とも呼ばれる、川と海を行き来する両面回遊魚である。

春先に五、六センチの大きさで川に上って来て上流を目指し遡上《そじょう》する。途中に堰や段差のある流れの激しい場所があっても遡上をあきらめない。流れに向かって、小さな体で思い切りジャンプする。失敗にめげることなく再度挑戦する。同じことを何度も何度も繰り返し、やがて流れのタイミングをうまくつかみやっとのことでこの難関を乗り切ってさらに上流に向かう。このような情景は何時間見ていても見飽きることはない。こんな小さなアユのどこにそんな不屈の根性があるのか、本能とはいえ学ぶことがあると痛感させられる。

アユの大きな特徴の一つに食性の大きな変化がある。海にいるときは動物性プランクトンを食べ大きくなるが、川に入ると歯が犬歯から櫛歯に変化し、川底の石に生えたコケ（珪藻とか藍藻類）を食べるようになる。

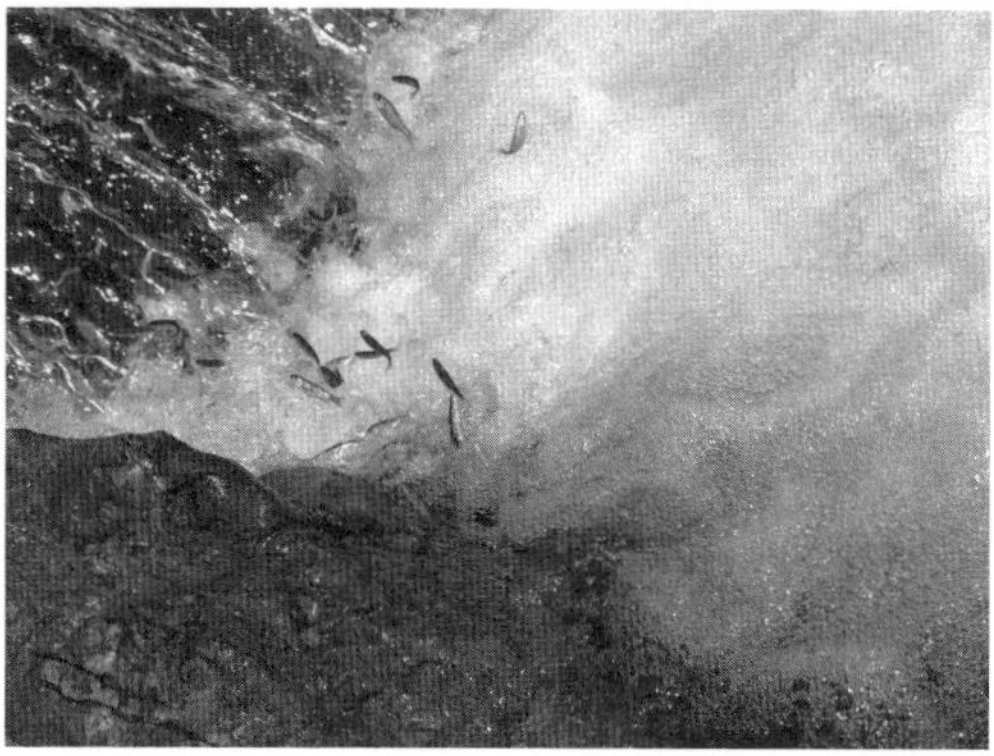

天竜川の支流、二俣川を遡上する稚アユ

川の中でコケ類を主食とする魚はあまり多くないから、ほかの種類の魚がたくさんいても餌の競合がなくよく育つ。しかし、アユ同士は別。自分のコケを食べるため縄張りを作り、その縄張りの中に入ってくるアユを追い出すために攻撃の体当りをする。この習性を利用した釣りが友釣りである。

やがて、夏が過ぎるころに成長したアユは卵を持ち始め産卵の準備のために川を下り始める。このアユを〝落ちアユ〟という。

そして、天竜川では飛竜大橋付近から下流の、孵《ふ》化した稚魚が一晩で海に流れ出るところで産卵する。産卵した親アユはそれで一生を終わる。卵は約二週間で孵化して海に流され、海で動物プランクトンを食べて成長し春先に川に上ってくる。このように一年で一生を終えるので年魚とも呼ばれている。

アユは大変おいしい魚で、独特の西瓜のような香りがするので香魚とも呼ばれる。塩焼き、甘露煮、魚田《ぎょでん》、刺身、から揚げ等でいただく。

河川漁業にとってアユは非常に重要な魚で漁法は数多くある。天竜川でも友釣り、餌釣り、ドブ釣り、ゴロビキ、流し毛鉤釣り、投網、輪待ち網などがある。

［平成十八年六月二十七日掲載］

アユカケ
石に化け獲物を捕食

一見グロテスクな魚であるがよく見るとなかなかユーモラスな魚である。

アユカケはカジカ科の魚で通常は川の中流域に生息し、こぶし大より大きな石のある瀬を好む。遊泳力はあまり無く日中は石の下や陰に潜んでいる。川の中をちょっと見ただけでは見つけにくい魚である。それは〝アユカケの石化け〟といわれるように、人が近づいてもほとんど石と見分けが付かないようにじっとしていて見事に石に化ける名人である。夜は浅い瀬の石の上や、流れの緩やかなトロ場に出てくる。アユカケの鰓蓋《えらぶた》の先端には二本の棘があり、そのうちの一本はカギのように曲がっており、そのカギで鮎を引っ掛けて食べるという言い伝えに由来して「アユカケ」との名前が付けられた。

しかし、アユカケの捕食の仕方はじっと獲物が近づくのを待っていて、いきなり大きな口をあけて一気に飲み込むようにして自分の体の半分近くあるような魚も捕食する。獲物が大きいときは飲み込みきれずに口から獲物の尻尾の部分を出した状態でしばらくいて、やがて全部飲み込んでしまう。このように捕食するので、えらの両端のカギでアユを引っ掛けて食べるというのは今まで見たことがなく疑問である。

親になると秋に川を下り河口付近や沿岸で産卵する。孵《ふ》化した稚魚は沿岸で浮遊生活をして三月ころより一・五チ《セン》位になって川に上ってくる。小さなときは水生昆虫や小型のハゼなどを主に捕食する。大きくなるとアユなどの魚を食べるようになり大きなものでは二十五チ《セン》位になる。

この天竜川沿いではあまり食べることはしないが、福井県の九頭竜川ではアラレガコの名称で名物になっていて貴重な魚とされている。

最後に一言、アユカケは全国

一見グロテスクな魚だがよく見るとユーモラスなアユカケ

的に減少しており準絶滅危惧の魚となっている。

〔平成十八年七月四日掲載〕

ウグイ
生臭く、釣り人は敬遠

初夏から夏にかけて流れのゆるい浅瀬を見ると一センチ位の針のような魚が群れているが、この中にウグイの幼魚もいる。このウグイは天竜川の魚の中でごく一般的な魚であるが、気の毒に人気のない魚だ。アユの餌釣り、またはニジマスやサツキマス狙いのルアー釣りの外道として釣れることがある。

生臭さがあり、つかむと手を洗ってもなかなかにおいが取れないので、多くの釣り人は素手で持つことを嫌い迷惑がって釣ったウグイは捨ててしまう。別名「猫またぎ」とも呼ばれているように、魚好きの猫もまたいで通るほど小骨が多く生臭くおいしくない魚とされている。

この天竜川のウグイには一生を川の中流で生活する河川型のものと、川と海とを行き来する回遊型と二通りのタイプがある。後者のウグイはサイズも大きく三十センチ位になり四月から五月に産卵のために海から遡上する。このウグイは「マルタウグイ」とか、藤の花の咲くころに遡上してくるので「フジハナ」とも呼ばれている。

産卵期のウグイは婚姻色と

「猫またぎ」とも言われ天竜川沿いではあまり食用にされないウグイ

いって頭からしっぽにかけて黒とオレンジの縞模様が現われる。そして、畳二～六畳位の大きさで真っ黒に群れた状態が見られる。石を投げれば二、三匹は浮き上がるほどだ。その群れを狙って投網で漁をするが、十年ほど前までは、群れを狙って投網を打つと一網で何十匹も入り投網が重たくてあがらないほどで、捕ったウグイは畑の肥料にしたほどだ。近年ではウグイの数が減ってそうした状態はあまり見ることは出来なくなった。

　天竜川沿いの人たちはおいしい海の魚がふんだんにあるので、「猫またぎ」と言われるウグイはあまり食さないが、五月初めころまでは刺身やあらい、また酢で締めても臭みはなくおいしくいただける。長野県、岐阜県などではウグイも食用として好まれている。

　天竜川の魚として、もとからいるウグイを、生臭いとかまずいと言って粗末に扱わないようにしたいものだ。

［平成十八年七月十一日掲載］

■ウナギ
天然は大きいほど美味

　おいしい食べ物の中にウナギがある。土用の丑の日にウナギを食べると夏バテしないと言われていたが、今ではいつでもウナギを食べることが出来る。し

パイプの中に潜むウナギ

かし、私たちが食するウナギの大半は養殖されたもの。天然のウナギは貴重なものとなっている。

　天竜川にも立派なウナギがいる。大きなものでは重さが一キログラムを超え人の腕くらいのものもいるが、天然のウナギは大きければ大きいほどおいしい。

　ウナギは一生の大半を川で生活するが、産卵のために海に下る。このような魚を降川回遊魚という。産卵場所は太平洋のマリアナ海溝付近ではないかとの調査報告がなされている。天竜川で大きくなり成熟した親ウナギは太平洋にはいり産卵場所までの長い距離を泳いでいかなければならない。

　孵《ふ》化した稚魚は何を食べているのかまだ分かっていないようであるが、やがて柳の葉に似た形になり、日本の沿岸に帰ってくる十二月ころにはメッコと言われるウナギの型のシラスウナギになっている。このシラスウナギの体重は〇・二グラム位で、長さは六、七センチといったところ。

　十二月から四月にかけて〝天竜川の冬の風物詩〟とも言えるこのシラスウナギ漁が行われる。夜、天竜川の河口で遠州の身を切るような空っ風の吹く中にカンテラをつけ、その光に集まってきたシラスウナギをサデですくい取る。そうした光が何十と連なり、さながら河口を光の点で浮かびあがらせたようになる。このシラスウナギは養殖ウナギの資源として高額で取引されている。漁の少ない年では〝生きたダイヤ〟ともいわれ、一キログラムが百万円したこともあった。最近は二十万円前後だ。

運良く捕まらなかったシラスウナギは昼間は石や障害物の下などに潜り、夜に活動し川を上っていきながら成長する。餌は水生昆虫、魚、エビ、カニといった動物性のものを貪欲に捕食する。

〔平成十八年七月十八日掲載〕

ヌマチチブ

〝パッチリ目〟の人気者

天竜川はアユの餌釣りができる数少ない河川の一つである。そのアユの餌釣りで、うき下を長くして餌が川底に着くようになるとアユではないポチャッとしたお客さんが良く掛かって来る。色は黒く、顔はまるく口は大きく、目はそれほど大きくはないがパチッとしている。これこそ愛すべきヌマチチブである。ヌマチチブは汽水域（海水と淡水が混じっているところ）から中流部にいたるまで普通にみられるハゼ科の魚であり、一般に「カンジー」とも呼ばれている。

雑食性で水生昆虫、小魚、その他付着藻類なども食べる。通常は川底の石上や流木のかげなどにいるが人が近づいたり危険を感じると石の下などの物陰に隠れる。産卵は春から夏にかけてやや大きめの石の裏に行われるが、ここでも考えさせられることがある。それは、卵が孵化するまでほかの魚に食べられたりしないように雄がしっかり保護していることである。

孵化した稚魚は海に下り成長して数カ月後に一センチくらいになったら群れをなして再び川に上ってくる。稚魚は川岸近くの流れが比較的緩やかなところを連なって上っては止まり、石の上をツンツンと上ってくる。

これまで天竜川の夏の風物詩とも言われてきた〝イサザ捕り〟はこの遡上してくる稚魚（他の稚魚も混ざる）を捕るため、石

カンジーとも呼ばれるハゼ科のヌマチチブ

を積み上げ二メートルくらいの堰をハの字形に築きその中央にザルとかブッタイのような網を置き、バイサザが溜まるのを待って、バケツやイケスに移す。捕れたイサザは佃煮や卵とじ、かき揚げ等で食されている。おいしいものであるが、一口食べるごとにこの中にヌマチチブが何匹いるだろうかと考えると箸が止まってしまう。

　このイサザ捕りは許可漁法の〝せぎうげ〟で、一般に許されていなかったがこれまで大目に見られてきた。しかし、平成十七年から（資源保護のために）全面的に行うことが出来なくなってしまった。寂しい気もするが、減少しつつある水産資源を考えるとやむを得ないかとも思われる。天竜川の人気者のヌマチチブがもっと増えて子どもたちが川遊びをする時に良い遊び相手になればと願っている。

［平成十八年七月二十五日掲載］

観光編

宮川潤次

（みやかわ・じゅんじ）静岡文化芸術大デザイン学部教授。東京芸大建築科卒。1974年（昭和49年）デザイン研究所に入社後、独立。2000年静岡文化芸術大助教授に就任、04年から現職。1951年岐阜県生まれ、浜松市在住。

産業観光
ものづくりの宝箱見学

天竜川地域はものづくりの宝箱だ。織物産地として培われた技術を礎に、ピアノや電子楽器、オートバイ、車、最新の光学機から地酒や惣菜まで様々なものが造られている。これらのものづくりの現場を訪ねる「産業観光」が人気を呼んでいる。

浜松市内の「うなぎパイファクトリー」では、夜のお菓子で知られるうなぎパイの焼成から検品、箱詰めの様子を公開している。パイづくりの職人と直に話せるコーナーでは生地作りの難しさなど現場ならではの話を聞くことができて面白い。平成十七年四月のオープン以来の一年余で、五十万人を超す見学者が訪れている。

磐田市豊岡のロックフィールド静岡工場は、神戸コロッケなどを全国に展開する惣菜メーカーの拠点のひとつだ。リアルタイムの映像を見ながらサラダやコロッケの製造過程の説明を受けた後、大きな窓越しに工場内を見学する。ほとんどの工程が手づくりで行われている事に驚かされる。効率的な生産方法

うなぎパイファクトリーでは大きな窓越しに製造工程が見学できる

を求めた結果、ベルトコンベヤーよりも働く人の能力を生かした手仕事に変えたという。見学の後は、できたてのコロッケとサラダの試食。一時間半ほどの時間がとても短く感じられた。工場内には三基の風力発電の風車が回り、排水を浄化するビオトープにはメダカが泳いでいる。学校や地域の団体などに限って受け入れているというが、子どもだけでなく大人の「食育」の場としても興味深い。

　ヤマハ浜松工場では、グランドピアノのフレーム組み立て、鍵盤の組み込み、調律検査などピアノ製造の工程を間近に見ることができる。移転のため現在の工場見学はあと二年ほどということだが、移転後の掛川工場でも引き続き見学を受け入れるという。楽器メーカーでは他に河合楽器竜洋工場（磐田市）、ローランド（浜松市細江）などがある。楽器博物館やオルゴール博物館と組み合わせて楽器三昧の一日を過ごすのも良いだろう。他にも、ホンダ浜松製作所のオートバイの組み立ての様子、花の舞酒造や天神蔵浜松酒造での酒の仕込みなど、大人の社会科見学が楽しめる。

［平成十八年八月一日掲載］

エコツーリズム
豊かな自然の恵み満喫

環境への意識の高まりや心の

相津マリーナではカヌーの体験もできる＝浜松市相津

ゆとりを求める人々が増え、自然の中で遊びながら様々なことを学ぶエコツーリズムやグリーンツーリズムが注目されている。天竜川周辺には豊かな緑や水が残されており、自然の恵みを満喫できる素晴らしい地域だ。

　北遠の阿多古川、気田川などの清流には川遊び場がいくつもあり、天然の流水プールではしゃぐ子どもたちの歓声が響いている。浜松市水窪の「マロニエの里」、佐久間の「浦川キャンプ場」、春野の「秋葉神社前キャンプ場」、天竜の「小川の里キャンプ場」など、設備の整ったキャンプ場も多く、自然の中で一日を過ごす家族連れなどで賑わっている。龍山の「青少年旅行村」では、キャンプの他にも草木染やそば打ち、手織りが体験できる。また、天竜川河口近くの「竜洋海浜公園」のオートキャンプ場は、充実した設備と遠州灘の自然の中でアウトドアライフを楽しめることで人気を呼んでいる。高さ百《メートル》の風車が目印だ。

　浜松市天竜の船明ダム湖のボート競技場では、毎年三月末にボート競技の甲子園と呼ばれる全国選抜大会が行われ、全国から予選を勝ち抜いた高校生たちが集まって熱戦を繰り広げる。一般向けのボートの貸し出しや講習もあるという。また、湖に面した相津マリーナではカヌーの体験ができる。初心者でも丁寧に指導してもらえるということなので、是非トライして欲しい。

自然の中で珍しい生き物たちに出会う楽しみもある。浜北の県立森林公園では、自然観察員のガイドで園内野鳥の森を歩くネーチャーツアーがお勧め。野鳥の声を聞きながら木の名前を教えてもらったり、木の葉に隠れる昆虫探しなどを楽しむことができる。運がよければ可愛いカワセミに出会えるかも。

また、磐田市の桶ケ谷沼は、絶滅危惧《きぐ》種のベッコウトンボをはじめ六十種以上のトンボが生息することで知られている。沼周辺の約五十一ヘクタールが自然環境保全地域に指定されており、園内に設けられた観察小屋からマガモなどの野鳥を身近に見ることができる。夏休みのトンボや魚の観察会、ザリガニつり大会なども楽しそうだ。

［平成十八年八月八日掲載］

フラワーツーリズム
庭めぐりや花摘み体験

遠州西部の三方ケ原から浜名湖周辺の地域は、ガーベラやフリージア、キクなどの花の産地として全国に知られている。また、個人やグループで花づくりを楽しむ愛好家も多い。これらの花の生産農家や、花づくりを楽しむ人たちの庭を巡るフラワーツアーが人気を集めている。

浜松市内で観光振興を進める「浜名湖えんため」では、旅行業者や地元農家と協力して花の生産農家を訪ねる「生産農家見学と花摘み体験ツアー」を行っている。浜名湖花博を機に始められたものだが、平成十七年度は九千人以上がガーベラやキクなどの生産農家を訪れて栽培の苦労や花を長持ちさせる方法を聞いたり、プロの指導で花摘みを楽しんだ。また、「はままつ花紀行」と題して、浜松市フラワーパークや浜名湖ガーデンパークなどの花の名所と、フラワーコンテストに入賞したオープンガーデンを訪ねるという

「はままつ花紀行」でオープンガーデンを見学する参加者（浜松市緑化推進課提供）

ツアーを企画したところ、計八日間のツアーに二百人以上が参加したという。今後のフラワーツーリズムの目玉として期待できそうだ。

浜松周辺の見学可能なオープンガーデンについては、浜松市緑化推進課が発行した「浜松花の庭めぐり」というガイドブックに案内がある。花づくりを楽しむサークル「オープンガーデン浜松」もイエローブックという案内をホームページ上で公開している。人気の庭には年間四百人を超す見学者があり、中には団体バスで訪れるグループもあるという。個人の庭を見せていただくということで、くれぐれもマナーを忘れずに。

季節ごとの花の名所も見逃せない。磐田市竜洋のヒマワリ畑では、七月下旬から八月上旬にかけて約二㌶の畑にヒマワリが大きな花を咲かせる。十月から十一月にかけては浜松市フラワーパークのバラ園が見ごろだ。春になれば磐田市の豊岡梅園や浜松市引佐町奥山の昇竜枝垂れ梅、また同市の浜松城や天竜鳥羽山公園をはじめ各地の桜が満開となる。トンボの楽園として知られる磐田市桶ケ谷沼の菜の花畑も忘れることのできない花の景色のひとつだ。

〔平成十八年八月二十二日掲載〕

美術・博物館
マニアため息の展示も

天竜川地域には特徴のある美術館や博物館などが多い。五感で感じるいくつかの施設を紹介しよう。

天竜浜名湖鉄道二俣駅から二俣川沿いに二十分ほど歩いて二俣大橋を渡ると、小高い丘の上に北欧の農家を想わせる不思議な形の建物が現れる。これが「秋野不矩美術館」だ。アジアや日本の人々を愛情を込めて描いた天竜出身の日本画家秋野不矩の作品が展示されている。建物は人間的な建築を創り出す建築家、藤森照信氏の設計によるもので、地元の天竜杉や漆喰《しっくい》壁、籐《とう》ゴザの床など肌触りの良い自然素材で造られている。床に座り込んでゆっくりと絵を見る人も多い。

ＪＲ浜松駅前の「浜松市楽器博物館」は楽器産業で知られる浜松市のシンボルのひとつ。平成十八年三月に展示面積を拡大してリニューアルオープンした。一階は和楽器やインドネシアのガムラン楽器などがフロア一杯に展示されたアジアコーナー。地階の鍵盤楽器コーナーには、チェンバロやピアノの原型、初期の自動ピアノなど世界的にも貴重な楽器が展示されており、音楽マニアならずともため息が出る。展示楽器の実演では、何世紀も前に造られたチェンバロの軽やかな響きが心を和ませてくれる。体験ルームでは手作りの楽器や音の出るおもちゃなどを自由に試すことができ、子どもたちが楽しそうに遊んでいる。

ＪＲ豊田町駅に近い「磐田市香りの博物館」は女性に人気のスポット。香道具や香炉、世界の香水瓶などのコレクション鑑賞とともに、香りの体験コーナーで自分だけの香りづくりを楽しむことができる。ガラスの小瓶にペンドリルで名前を彫ったりサンドブラストで模様をつけて、自分だけの香水瓶を造る体験コースも面白そうだ。

同じ磐田市の「新造形創造館」

リニューアルした浜松市楽器博物館の目玉、ガムランは荘厳だ

は、ガラスと金属工芸の融合をテーマとした本格的な工房。色ガラス棒をバーナーで溶かしてペンダントを造るバーナーワークや銀粘土の指輪づくりなどが体験できる。吹きガラスや鍛金など専門家の指導による造形講座も充実しており、新たな工芸文化の発信地としても期待されている。

［平成十八年八月二十九日掲載］

名所・旧跡
自然、歴史…楽しんで

観光編の締めくくりに、これまでに紹介できなかった名所のいくつかを紹介しよう。

北遠地域は天竜杉など良質の木材の産地として知られており幾重にも重なる緑の山並みが美しい。浜松市龍山白倉川の白倉峡、春野の気田川の明神峡では、巨岩の間を流れる清流と、初夏の新緑、秋の紅葉が織り成す渓谷美を楽しめる。民話の里、佐久間の「龍王淵」は小滝だが、記憶に残る景色のひとつだ。苔むした岩肌に包まれた幻想的な滝の姿は時の流れを忘れさせる。

史跡では、水窪の高根城跡も見逃せない。眼下に水窪中心部、北遠と南信濃に通ずる主要街道を見渡す要所に戦国時代の曲輪《くるわ》と物見櫓《やぐら》が再現されている。また、「水窪民俗資料館」、「佐久間町民俗文化伝承館」には養蚕や林業が盛んだった頃の道具が

深閑としたたたずまいを見せる龍王淵の滝＝浜松市佐久間町

並べられ、当時の人々の生活の様子を知ることができる。秋葉山は火防信仰を集めた霊山として名高く、十二月の秋葉の火祭は県内外から多くの参拝客で賑わっている。

「いっぷく処横川」、「天竜花桃の里」などの道の駅では地元のお母さんたちの手づくり料理が楽しめる。中でも「くんま水車の里」のおろしソバは、舞茸の天ぷらがたっぷり入ったお勧めの一品だ。

浜松・浜北地域の北部には森林が残され、「県立森林公園」や「フルーツパーク」など屋外レクリエーション施設が多い。森林公園では野鳥などの自然観察の他にもデイキャンプやフィールドアスレチック施設もあり、休日は家族連れやグループで賑わっている。浜松市街地には、徳川家康にまつわる旧跡や寺院などを訪ねる「家康の散歩道」があり、浜松の歴史に触れることができる。ラッキョ軽便と呼ばれた鉄道のトンネルも散歩道の一部として利用されている。

磐田地域には、現存する木造校舎として日本最古の磐田市旧見付学校、旧赤松邸などの歴史的施設が残されている。四季の彩を楽しめる「獅子が鼻公園」、長藤の名所として知られる豊田熊野《ゆや》記念公園、豊岡梅園、つつじ公園など、花の名所も多い。

〔平成十八年九月五日掲載〕

【文学編】

和久田雅之

（わくだ・まさゆき）静岡文化芸術大非常勤嘱託。元浜名高校長。日本近代文学会会員。著書「静岡文学散歩」（羽衣出版）「伊東の文学」ほか。1941年浜松市生まれ。掛川市在住。

藤枝静男

素晴らしい自然描写

　昭和二十年暮れから浜松市郊外の妻の実家の眼科治療を手伝っていた勝見次郎は、翌春訪ねて来た平野謙と本多秋五に小説を書くことを勧められる。この年、妻が再び喀血《かっけつ》。秋から約半年間天竜河畔の結核療養所・天竜荘に入院し、人工気胸術を受けた。食糧を詰め込んだ重いリュックを背負った国民服の彼は、療養所への急な坂道を上った。その途中、眼下に大きく湾曲した天竜川が見えた。

　同二十二年、この時の見聞をもとに書いた「路」が、「藤枝静男」のペンネームで「近代文学」に掲載され、三十九歳で小説家としてのスタートを切った。

　二十五年春、浜松市東田町に妻の旧姓をとった菅原眼科医院を開業。この年に「龍の昇天と河童の墜落」を発表した。志賀直哉のように書きたかったという「路」に対し、「龍の昇天」は、志賀の徹底した描写から離れて自由に書いた作品である。

　天竜川の支流気田川の淵に棲んでいた龍が、山芋や大鰻に変

藤枝静男が上り下りした天竜病院に続く坂道

身したのち、再び龍に戻って気田川の深い淵に身を沈める。また千年が経ち、三千歳になった龍は、河童の願いを入れて天に昇る。帯のような天竜川の河原やけし粒大の人間などを眼下に龍は昇天するが、河童は自らの手を離してしまう。

　三十七年発表の「ヤゴの分際」は、藤枝文学の二大テーマともいうべき自己呵責《かしゃく》と自己嫌悪が、父と息子、夫と妻を通して描かれている。その前半部に、やはり結核療養所が重要な舞台として登場している。

――《病室を出て夕方の路をそこまで下り、守衛に名前を告げて記帳してもらうと、いつも彼は何となくほっとしてひと休みするのであった。そして暮れなずむ天竜川の広い白い河原を見下ろし、やはり残して来た妻を可憐に思うのであった》――

　野間文芸賞を受けた「悲しいだけ」には、池田の宿の行興寺の長藤を見て、天竜川の堤にのぼり、九キロ先の河口まで歩く。「左手の一面の田圃は蓮華草に埋めつくされて桃色のかすみ風に波打っていた」「そそげ立った幾重もの波が、波頭を強風にしぶかせながらあとからあとから寄せていた」等々、素晴らしい自然描写が続く。

　藤枝静男は、六十二歳で医師を廃業。私小説家と自称し、その道を極め、それを突き抜けて、藤枝リアリズムの結晶ともいうべき「田紳有楽」の世界に到達するのである。

［平成十八年九月十二日掲載］

吉田知子
愛着と郷愁、作品に吐露

　吉田知子は、昭和四十五年に「無明長夜」で第六十三回芥川賞を受賞した。その翌年の三月から静岡新聞に連載した長編小説「山鳴り」は、宮森家という大山林地主一家を中心に繰り広げられる醜悪な人間模様を描いた異色作である。

　舞台は二俣の奥、光明村「山《やま》明《き》」。幼児から「火つけの家の人殺し女」と言われて育った光子は、三年間の東京生活に疲れ帰郷する。

――《「天竜川」と光子は声に出して呟いてみた。その響きが光子の内部に思いがけぬほど強い感動を呼びおこした。光子にとって、天竜川は自分たちのもの、ふるさとそのものであった。いま帰って行こうとしているふるさとへの凄烈な憎悪と――そして絶えがたい愛着と。（略）天竜。天竜川。暴れ天竜。彼女はいとおしむように何度もその言葉を口の中で呟いた》――

「奥天竜ロマン紀行」巻六掲載の「揺れる家」は、日常の恐怖を描いたスリルとブラックユーモアに富んだ好短編である。

　におい出した姑の死臭に困り逃亡しようとしていた女の家へ、万引きが発覚、店員を殺してしまったと思い逃げて来た男が侵入、女に包丁をつきつけ飯田線に乗る。本長篠駅から湯谷温泉、中部天竜、平岡と、いくつかの小さなトンネルを越え、時折眼下に天竜川を見下ろしつつ、飯田駅へ。家に忘れた二十万円とカードを取りに二人は再び本長篠へ戻って来る。そこで意外な結末が待っていた。

　吉田知子の小説にはよく川が出てくる。「浜風の匂いなつかしく」というエッセイには、「しばしば天竜川河口へ行く」「河原があり林があり、中州・運河・沼・小川・岩。全体として荒涼たる風景である」「その自然の

吉田文学によく登場する天竜川河口風景

ままの壮大な眺望を見ていると気持ちがよくなるのである」と書いている。無常と日常は吉田文学を解くキーワードの一つだが、短編小説「無常・日常」の中にも、この天竜川河口が重要な意味を持って登場している。

「天竜郷愁」という散文詩といっていい短文には、「川は郷愁そのものである」「私は時々河口に行きたくなる。いつ行っても河口に立つと気宇広大になる」「子供のころ、私は天竜川は浜松の川だと信じていた」等々、天竜川への郷愁を吐露している。

［平成十八年九月十九日掲載］

井上靖
佐久間ダム舞台に小説

井上靖は、短編小説「川の話」の中で、「自分の好きな川を一つ上げるとすれば天竜川」で、天竜川は「諏訪湖にその先端をひっかけた全く濃いコバルト色の一本の鎖」であり、その広い河口の磧《かわら》に立つと、「鎖状の曲がりくねった道を辿り辿って漸くにしてこの広い明るい河口に流れ来た水に、人は他の川に感ずる遙かさとは別種の、もっと切ない一途なものを感じる」のではないかと書いている。

昭和二十八年三月、靖は武田信玄の取材で初めて飯田線に乗

昭和63年に建立された文学碑「天龍川・讃」の除幕式で挨拶する井上靖（佐久間図書館提供）

り、天竜峡に一泊。翌日中部天竜駅まで川を下った。「風景はまさに絶佳である」（「天竜川の旅」）は、その時の感想である。

　この時見ることの出来なかった佐久間より下流の天竜川を見るため、三十年と三十一年のともに三月下旬、浜松から自動車で天竜川を遡っている。これらの旅から前記「川の話」と、長編「満ちて来る潮」が生まれた。

　靖をダム見学に誘ったのは、靖の遠縁で当時大阪商工会議所会頭の杉道助である。二作品とも、天竜川沿いの風景やダム工事現場の様子は、この時の見聞、印象が元になっている。特に「満ちて来る潮」は、佐久間ダムを小説のクライマックスに設定している。

――《苑子は水煙りを上げている瀑布をいつまでも見下ろしていた。堰堤の上部の工事場へ移動クレーンの巨大な腕が動いて行く。紺野はそれを目で追っていたが、苑子が何か言ったように思って、その方へ顔を向けた》――

　この後、紺野は苑子に、「僕たちはやはりここで別れるべきなんでしょうね」と告げる。

　昭和六十三年秋、佐久間高校前の河川敷公園に、「北斗と織姫の間に横たわっている星座は、天龍と名付けられている」ではじまる靖の「天龍川・讃」の文学碑が佐久間町によって建立された。十月十日の除幕式には、招かれて靖夫妻も出席した。半年前、碑文や設置場所等の打ち合わせに訪れた時には、満開の桜咲く堤防に、靖はいつまでもじっとたたずんでいたという。

元城小の一カ月余と、静岡師範付属高等小と浜松中学（現浜松北高）の各一年の計二年余りを浜松で送った井上靖にとって、天竜川はひときわ身近で親しい川であったのであろう。

〔平成十八年九月二十六日掲載〕

■種田山頭火
健脚を苦しめた秋葉山

昭和七年の、「層雲」浜松支部「松の会」結成当時から親交のあった種田山頭火は、昭和十一年と十四年の二度浜松を訪れている。天竜川を遡ったのは、二度目の時である。

山頭火は句友の歓迎に気をよくし、六泊もしてしまった浜松をあとに、四月二十九日の八時の電車で二俣へ向かった。西鹿島で下車、できて二年目の今の鹿島橋を渡った。

はじめて天龍を、つんばくろとびちがふ

若葉ふかく山のむかうから流れてくる

伊那までの厳しい行程を前に、二俣の宿で、「睡りたいだけ睡った」山頭火は、翌日の日記に、「身心軽快、早朝をふみしめて立った。光明山参拝、…」と書いた。この日記の一節と、次の句を刻んだ碑が、平成十六年四月、光明山の境内に建立された。

山のよさを水のうまさをからだいっぱい

道しるべ立たせたまふは南無地蔵尊

その後、山道を二俣川に沿って春野へ。秋葉橋から気田川下りの筏を眺め、その日は山麓に泊まる。

五月一日、古風な参道を「やすみやすみ　あえぎあえぎ」のぼった。健脚の山頭火でも、さすがに秋葉山はきつかったようだ。四年後まさかの火事で、山頭火が見た茶店や杉林などの大部分が焼けてしまった。三尺坊

平成16年に建立された光明山境内の山頭火の句碑

と神社の神門、所々に残る杉の巨木が当時の面影を残している。山頂で小休止の後、裏参道を平山までくだり、瀬尻の吊り橋を渡って、天竜川沿いに「下る筏と上る帆」を見つつ、架設中の大輪橋まで歩き、舟で対岸へ渡る。左岸に沿って大井橋へ至ると、橋の向こうが、「三味線が鳴りラヂオが叫ぶ！」西渡である。

　大井橋を渡ってすぐの所に、「水があふるゝ山のをとめのうつくしさ」の句碑がある。二日の日記に記載された三十三句中の一句である。

　西渡で一泊した後、山頭火は水窪川に沿って水窪の町へ入る。青崩峠の道を断念して、雷雨に叩かれながら池の平越えにダム完成前の白神《しらなみ》駅まで歩き、汽車を待って満島（現平岡）へ。翌日は、旅の最終目的である乞《かつ》食《じき》俳人井上井月の墓に詣でるため、伊那へ向かった。

　山頭火は新緑の山道を独り歩くなかで、俳人としての本来の自分を取り戻し多くの句を残した。

道しるべ倒れたままの山しぐれ

石に腰かけると墓であった

水はみな瀧となり天龍へ音たかく

ぼうたんゆらぐや天龍はさかまく

山の上まで家があって畑があって青々

水をひいてこんなところにも
一軒屋

〔平成十八年十月三日掲載〕

■その他の作家
優れた紀行文・俳句・短歌

明治四十一年夏、小島烏水は時又から鹿島まで下った。大正十一年秋には、和辻哲郎、中勘助ら十二人の文人が同じ航路を下っている。烏水の「天龍川」、和辻の「天龍川を下る」は、優れた紀行文であるばかりでなく、当時を知る一級の資料ともなっている。

藤枝静男の親友本多秋五に、「天竜河畔の小学校」というエッセーがある。昭和二十九年の夏、「近代文学」の同人佐々木基一、荒正人、山室静と四人で、佐久間ダムの工事現場を見に行った。その時立ち寄った船明小学校は、本多が二等兵として終戦を迎えたところであった。

上流の横山小には、二俣出身の画家秋野不矩が、新任教員として一年だけ勤務した。「天龍川」というエッセーには、生まれてから教師を断念するまでの数々の思い出が書かれている。小学校は共に、廃校になってしまった。

田中小実昌の「天竜の飛沫をあびて」は、四十九年の夏天竜峡まで下ったあと、天竜川河口までタクシーで行き浜松で一泊した時の見聞を、軽妙な筆致で書いたもの。

浜松出身の鈴木光司と嵐山光三郎は、天竜川で遊んだ思い出等をいろいろなところで書いている。プロレタリア作家間宮茂輔の「あらがね」は、久根鉱山での体験に取材したものである。

天竜川を詠んだ短歌としては、

遠つあふみ大河流るる国なかば菜の花咲きぬ富士をあなたに

騒だちて舳《へさき》にあたる波白す
はや荒瀬に舟近づけり

の二首をあげておく。明治三十年代の車窓風景を詠んだ与謝野晶子の歌と、昭和十四年初冬天竜川を中部まで下った尾上紫舟の「天竜峡二十八首」中の

内陸一の港としてにぎわった
浜松市佐久間町西渡の風景

一首である。

俳句では、天竜川は俳人にとって格好の題材らしく、実に多くの作品が残されている。

藤の長房や天竜は長き流れなり　　荻原井泉水

朝桜ゆらぎ天竜ながれたり　　水原秋桜子

天竜のへりに椅子おく夕涼み　　富安風生

水涸れて天龍川は砂利ばかり　　山口誓子

涼しさをのせて渡るや木の葉舟　　松島十湖

流木躍って大天龍の秋出水　　百合山羽公

古典でも「十六夜日記」「平家物語」「海道記」「東関紀行」、そして和歌・俳句等々、天竜川が登場する作品は数多い。その多くは旅人の目からとらえた天竜川風景である。

［平成十八年十月十七日掲載］

【農業編】

川島安一

利水・治水
施設園芸の発展に寄与

（かわしま・やすいち）県産学部長代理・理事。静岡大農学部卒。1970年県庁入り。農業水産部農業総室長、農業試験場長を経て、2007年4月から現職。著書に「スローな気分で生きてみたら」（静岡新聞社）。1947年磐田市生まれ、磐田市在住。

　地域農業の形態は、その時代の社会や経済の状況、それに技術水準によって決まってきた。そして利水と治水が、農業の歴史に大きな影響を与えてきた。天竜川下流域の農業も、その水の活《い》かし方によって異なった発展を遂げている。

　天竜川は、五千平方キロにも及ぶ広大な流域から豊かな水を集めて流れる大河川である。そしてその天竜川の造り出した扇状地が遠州平野である。洪積世中期に形成された磐田原、三方原、それにその後の地殻変動などによって生み出された沖積層の低地平野である。この高台と低地に、それぞれの土質と水利を活かした特徴のある農業が発達している。

　瑞穂の国と言われたように、近世のごく最近まで稲作が産業の基幹的な役割を果たしていた。だから農業開発は、低湿地での水田の開発から進められてきた。本格的な開田は、徳川時代初期の平野重定らによる寺谷用水の開設からといわれる。人々は、堤を築いて洪水を防ぎ

台地の農業を変えた三方原用水のファームポンドと加圧タンク＝浜松市三方原

つつ、治水によって水田を広げてきた。寺谷用水や金原明善用水が、天竜川最下流部の沖積地帯を稲作農業の沃野《よくや》に変えたのである。

戦後、利水のための土木技術は著しい進歩を見せ、洪積層の大地をも潤すようになる。この三方原用水、磐田原用水などの水が、台地の農業を大きく変貌《へんぼう》させた。特に昭和三十九年から本格的に整備された三方原用水は、折からの経済成長と相まって施設園芸を大きく発展させる契機になった。

浜松市は、工業都市でもあるが、一大農業生産都市でもある。セルリーや葉ネギ、馬鈴薯《しょ》、トマト、チンゲンサイ、それにキクやガーベラをはじめとした花々など、実に多彩で特徴のある生産形態を発達させている。白菜やダイコンなどの旧来の農業から、そうした商品性の高い作物の生産に大転換をさせる原動力となったのが「水」であった。

その三方原用水は、秋葉ダムで取水されて延々と二十二キロ余りを主にトンネルで導水され、安定した水圧を維持するため百九カ所に配置された加圧ポンプで台地の隅々まで送られる。天竜川の水は、陸地を流れて人々の生活を潤しているのだ。

［平成十八年十月二十四日掲載］

シロネギ

砂壌土、栽培に好条件

シロネギは、すき焼きや焼き鳥などで私たちに極めてなじみの深い野菜である。その白く甘い部分を十分に確保するため、生育にあわせて徐々に土寄せを繰り返して葉鞘《ようしょう》部を軟白伸長させる。かつてはこうした作業を鍬《くわ》だけで行っており、大変な労働集約的作物であった。

シロネギが遠州地域に導入されたのは明治の初めだが、日持ちの良さから輸送園芸作物として徐々に栽培が広がり、昭和三十年ころには天竜川左岸一帯に三百ヘクタールを超えるまでになった。これは、深い耕土と排水性の良い天竜川下流の砂壌土が、シロネギの生産に願ってもない土壌条件だったからとも言える。天竜川と左岸の磐田原台地との間には、シロネギの栽培に適した土壌が広がっている。

天竜川左岸のシロネギ生産は、こうした土壌条件を生かして、秋から冬にかけて出荷される産地として全国的に高い評価を得てきた。しかし近年では、その栽培面積が次第に減ってきている。その原因は、一戸当たりの栽培面積が十数アールときわめて零細で、手作業に多くを依存してきたことにある。零細で高コストな生産のために、生産者の高齢化や中国からの輸入などの影響を受けて、急速に栽培面積が減ってきたのである。

これまでのシロネギの生産は、植え付けから土寄せ・収穫調整まで多くが手作業であり、十アールの栽培に三百十時間余を費やしていた。こうした生産構造を改善して生産性の高い産地に脱皮しようと、ＪＡ遠州中央が中心となって育苗センターや機械施設を整備し、構造改革に向けた精力的な努力が進められている。

最近では、苗の自動移植機や土寄作業機、掘取収穫機、皮むき機など、高い性能の作業機械が開発されており、こうした機械を駆使することで十アール当たりの作業時間も六十時間程度まで

天竜川左岸で盛んに栽培されているシロネギ

大幅に短縮できる。生産コストを引き下げて生産性を大幅に高めることが可能になったのである。こうした中で、借地で畑を増やし、機械力と雇用労力を活かした数ヘクタル規模の大型経営が登場するようになってきた。天竜川左岸のシロネギ生産も、機械化一貫体系による生産性の高い形態にと徐々に変わりつつある。

［平成十八年十月三十一日掲載］

セルリー
長野とともに二大産地

　浜松地域は、セルリーやパセリ、レッドキャベツ、ハナヤサイ、ブロッコリーといった多彩な洋菜類の生産地である。中でも十一月から五月にかけてこの地域から全国に出荷されるセルリーは、夏から秋にかけて出荷される長野県産とともに全国の二大産地になっている。

　セルリーは地中海地方を原産とするセリ科の植物で、古くは薬用や香料として用いられていた。これが近世になって改良が進められ、戦後に米国から日本人の好みに近い優良種が導入されてから栽培が本格化した。駐留米軍向けの「清浄そ菜」として始まった生産は、食生活の洋風化とも相まって栽培が次第に拡大し、特に昭和三十年代以降のビニールハウスの普及が生産の安定に大きな役割を果たし

ハウスでのセルリー収穫作業

た。

　昭和四十年代には、このセルリーの栽培面積が急増し、ピークの六十年ころには二百㌶を上回るに至る。これには秋葉ダムから引き込まれた三方原用水が重要な役割を担った。それまでハクサイや大根などの重量野菜の作付けに限られていた三方原で、水を得た人々が折からの経済の高度成長と呼応するように、より付加価値の高い品目へと転換していったのである。その代表的作物がセルリーであり、水を活用することで作目転換とともに生産も飛躍的に安定するようになった。

　もとよりセルリーは、排水性の良い肥沃《ひよく》な土壌を好む作物である。赤土の洪積土壌の三方原でこの作物を作りこなすには、有機物を大量に投入して土壌改良するとともに、ハウスとかん水装置による温度と水分の巧みな管理が必要になる。

　極度にやせて酸性が強く十分に作物の育たなかった三方原を、商品性の高い特産作物の生産地に変えてきた先取の気性は、まさに天竜川の育《はぐく》んだやらまいか精神の発露といえるだろう。

　今日の三方原台地のセルリー生産は、都市化の進展などによって漸減《ぜんげん》傾向にあるが、ＪＡによる苗生産の分担や真空冷却による鮮度保持が進展し、秋冬セルリー産地として他の産地に追随を許さない存在であることに変わりは無い。

［平成十八年十一月七日掲載］

馬鈴薯・茶

色つやある外観が特徴

南米のアンデス山系を原産とする馬鈴薯は、栽培の適応性が広く土を選ばない。粘土質のやせた赤土の三方原台地では栽培できる作物は限られていたこともあって、この台地を開墾して最初に導入されたのが馬鈴薯だと言われている。

ところが三方原の土壌が、良質な馬鈴薯を生み出すことになった。赤土の洪積土壌で幾分生育が遅い分、澱粉《でんぷん》含有率が高くてホクホクと食味の良い馬鈴薯が生産できるのである。おまけに色つやのある外観が特徴的でもある。そのような訳で、東西の市場から銘柄産地として知られるようになり、贈答用などにも珍重されてきた。今日の作付面積も、三方原台地で最大の面積を占める作物になっている。

ナス科の馬鈴薯は連作障害の出やすい作物だが、土づくりと土壌消毒によってこれを克服し、三方原用水の利用によって安定した生産がされている。

しかしこの地域の馬鈴薯生産も例に漏れず、担い手の高齢化と都市化によって栽培が年々減少している。そんな中で、トンネル栽培などの作型を組み合わせることで作業期の集中を分散するとともに、機械力と雇用労働力を駆使した十二ヘクタール余の生産を行う大規模経営体も登場している。

一方、馬鈴薯と同様に乾燥に強い作物として洪積層の台地に導入されたのが茶であった。明治になって、茶が生糸とともに日本の重要な輸出品になった。当時の浜松県がこの茶の栽培を奨励し、磐田原や三方原にも茶園が広がった。

用水のない台地ゆえに推奨された茶であったが、その後三方原では多くの茶園が野菜生産などに転換していった。しかし磐田原では、今日でも茶の占める

馬鈴薯の収穫作業も機械化が進んでいる

割合が極めて高い。同じ土質の洪積台地の農業が、対照的な発展をしているのだ。この違いには、用水を使えるようになった時期が大きく影響していると思われる。ちなみに三方原用水は昭和四十二年から通水しているが、船明を水源とする用水が磐田原台地に供給されたのは五十年前後である。

今日、磐田原の茶は六百ヘクタール余り。全国品評会での農林水産大臣賞の受賞など年々その評価を高めている。

［平成十八年十一月十四日掲載］

エビイモ・チンゲンサイ
肥沃な沖積土に適合

エビイモとチンゲンサイも、天竜川下流地域で生産される特徴的な野菜である。

天竜川左岸の沖積砂壌土地帯で生産されるエビイモは、全国生産量の85パーセント程度を占める日本最大の生産地になっている。その形が海老《えび》に似ていることなどから珍重され、古くから京料理などの業務用に販売されてきた。もともとは京都の伝統野菜だが、京都での生産は都市化によって極めて少なくなり、昭和の初期に導入されたこの地域が主要な産地になった。

高級食材として人気が高いエビイモ

エビイモは乾燥に弱く、適度に湿り気をもった肥沃でかつ透水性の良い土壌を好む。それに、親芋と小芋の間に土入れをする独特の栽培法によって芋の形を整えるが、この地域の肥沃な沖積土がエビイモの栽培に良く適合していた。

エビイモ生産の難点は、収穫調整作業に多くの労力を必要とすることだ。そこで出荷調整労働を半減させるため、ＪＡが中心となって除泥・根切自動選別機械が導入され、荷口の均一化と労力削減に効果を上げている。

一方チンゲンサイは、新しい産物を作り出そうとするこの地域の人々の熱意が生み出した野菜である。高齢者や女性が手軽に栽培できる野菜を求めて、中国野菜を試作する中でチンゲンサイが注目されるようになった。導入の当初は、ＪＡが小規模な栽培用ハウスをレンタルして栽培を奨励する一方、小売店頭での調理宣伝を繰り返しながら消費を開発してきた。栽培が始まったのは昭和五十年以降だが、手軽さもあって地域一帯に瞬く間に普及し、消費面でも今ではごく普通の野菜として定着している。

栽培の形態も、当初目指したような小規模な生産ばかりでなく、都市近郊の労働力を組み込んだ数㌶規模の企業経営まで登場している。ＪＡとぴあ浜松の

大規模栽培されるチンゲンサイ

チンゲンサイ部会は、十二億円余を販売する大組織に成長している。天竜川左岸で始まった小規模なチンゲンサイの生産が、三方原台地を生産拠点として、農地と労働力を高度に生かす都市集約園芸に発展したのだ。

このエビイモとチンゲンサイの産地形成には、かつての磐田青果漬物農業協同組合連合会（磐田青果連）が極めて大きな役割を果たした。

［平成十八年十一月二十一日掲載］

【子ども歳時記編】

吉川祐子

湯立て神楽
氏神祭りで村の仲間に

（よしかわ・ゆうこ）中京女子大学子ども文化研究所客員教授、博士（民俗学）。文化審議会専門委員、民俗文化研究所代表、日本宗教民俗学会委員。「静岡県子ども民俗誌」「東海道と祭り」など著書多数。磐田市出身、在住。

かつて、子どもが誕生するとお七夜から一歳の誕生日まで、数々の節目の行事が用意されていて、それはそれは多忙な一年を過ごした。その行事の一つに初宮参りがある。氏子入りのお参りである。しかし、最近は大社へ出かける〝お宮参り〟が多くなった。ここでは、民俗の伝統的な初宮参りを紹介しよう。

北遠の浜松市水窪町や佐久間町では、霜月の湯立てをともなう氏神祭りに氏子入りをし、村の仲間となる。湯立てとは湯を沸かすという意味で、宗教者が神事として湯を沸かして神楽を舞う。これは飲用にする湯とは異なり、神々しくて清らかな湯である。そこで、産湯といい赤ん坊に掛けて清め、この世に魂を安定させるのである。

しかし、実はこの産湯は、かつては特別な子どもに限っての信仰行為だった。「生まれるも育つも知らぬ人の子は、神子になりて知恵賢くて寿命長かれ」と歌いながら掛けるもので、これは「ひ弱でこの世に魂が落ち着かない子どもは、神の子ども

産着に湯立ての湯を掛け無事な成長を祈るヤシ祝い＝浜松市水窪町上村

になろう。そうすれば丈夫で賢い子どもに育つよ」という意味の歌である。これが広く解釈されて、「どの子どもも同じように神子となって氏神様に成長を見守ってもらおう」となったのである。

佐久間町今田では、この赤ん坊の祭りをヤシ祭りといい、先輩の子どもたちにも祝われる。水窪町上村《うえむら》ではヤシ祝いといい神楽の演目の中で行われる。氏子入りの洗礼の儀式であり、民俗ではこれを生まれ清まりという。

赤ん坊の行事は、初誕生あるいは初節供《はつぜっく》までは家の行事で、両親や祖父母、親戚が集まっての祝いが中心だが、一年目を迎えるころから血の行事から地の行事へと、その祝いの主体は移動する。北遠の氏子入りが家ではなく村の行事としてあるのは、子どもを早くから共同体の一員として認めてきたからである。

子どもの無事な成長は、やがて家の繁栄、村の発展へと結びつく。個が幸せになるのではなく、みんなで幸せになる子育てを、我々の先祖は模索し、実行してきたのであった。

［平成十八年十一月二十八日掲載］

浜松まつり

■大空に舞う祝いの初凧

遠州の初夏は、凧《たこ》だよりから

初子の健やかな成長を祈って凧を揚げる浜松まつり＝浜松市の中田島凧揚げ会場

始まる。五月初めの三日間、畳にして三畳から六畳余にも及ぶ大凧を揚げる浜松まつりは、全国にその名をとどろかせる。遠州には袋井の丸凧や森の横長のブカダコがあるが、浜松凧はほぼ正方形で麻縄で揚げる。三日の開会式では百七十町にも及ぶ参加町内の凧が一斉に揚げられる。三日間のうちで最も感激する一瞬だが、まばたきすると見落としてしまうほど、揚がるスピードは速い。

浜松の凧には初凧と合戦凧の二種類がある。初凧には凧の左上に家紋、右下に子どもの名前が書かれていて、誰にでもすぐにそれとわかる。古くは長男の初節供を祝う凧であったが、最近ではどの子どもの初節供も祝う。凧揚げの脇では、子どもは父親に高々と抱き上げられ、ラッパの音とともに激練《げきねり》と称する練りで祝福を受ける。子どもの披露と仲間入りである。

いっぽうの凧合戦では糸を切り合う。ラッパが威勢よく鳴らされ、このリズムにのってぐんぐん揚げて戦いの相手を探す。合戦に用いる糸は、浜松まつり会館で作る強度を揃えた麻糸で、勝利への拘りが伺われる。

全国的に凧揚げは五月の行事である。正月の風では強すぎて実は凧は揚がらない。田植え前の五月節供ごろが絶好の季節で、風の神に大風無用と祈る農耕儀礼だったのである。

と同時に、子どもの初節供を祝う儀礼で、全国的に男児の行事である。長男が無事に成長して家が栄えるようにと凧を揚げる。浜松の凧揚げの起源は永禄年間（中世末）に遡り、引馬（浜松）城主の長男誕生の祝いに揚げたのが始まりだといわれている。その歴史は『東海道と祭り』（静岡新聞社刊）で否定したが、この起源説は初凧が民俗として早くから定着していたことを物語る。

　それにしても遠州人は凧揚げが大好きで、江戸時代には度々華美な凧揚げが禁止された。なお、凧揚げは遠州だけでなく、かつては全県的全国的に行われていた。

［平成十八年十二月五日掲載］

つなん曳き
五月節供の水神祭り

　凧揚げは、干ばつにならないように適度の風と雨を願い、稲が無事に収穫できるようにと祈る民間信仰から五月節供に定着してきた。稲作にとって一番憎々しいのは、収穫の秋に大雨と大風で稲がなぎ倒されてしまうことで、そこで凧を揚げて当年の風の具合や雨の具合を占った。凧の風が吹かないのは不吉な予兆とされ、浜松市水窪町草木では「西の西の宮荒神、凧の風を呼んでくれ」、と歌ってまでも風を呼んだ。ところが、一旦凧破り（凧揚げ停止）となると、凧揚げは大風を呼ぶと嫌われた。もちろんこれは遠州だけでなく、伊勢方面でも六日からは凧揚げを禁じたという。

　凧揚げとは別に、浜松市春野町犬居では五月節供に水神の祭りをする。つなん曳きという。新芽の緑も鮮やかな川柳を使って、全長十メートルにも及ぶ巨大な竜を作り、これに綱をつけて秋葉街道を子どもが曳いて歩くことからこの名がある。このとき初《はつ》子《ご》のいる家には必ず寄り、竜の頭を玄関口から勢いよく飛び込ませては、村が初節供を祝う。

　この行事には由来譚がある。ある年、気田川が大水になり堤が切れそうになった。その時、

竹と川柳で作った竜を曳く子どもたち＝浜松市春野町犬居

どこからか巨大な竜が現れて堤の決壊を防いでくれ、村は助かった。それからこの行事は始まり、これを怠ると大洪水や日照りが続くといわれる。あの「千と千尋の神隠し」でも白竜は水の神としての安定した地位を得て登場するように、竜は水の神である。五月節供は、稲作始めに風と水の神を祭る重要なハレ日として位置づけられてきたのだった。

　このように五月節供の神祭りに、ことさらに長男の初節供を祝ってきたのは、長男はやがて家を支え、村を支える存在となるからで、豊作と子どもの成長は、生活の安泰や村の発展に必要欠くべからざることとして、人々が認識してきたからである。日本では、目前のこととしてではなく、遠い将来を見据えて育児を行ってきたのであった。

〔平成十八年十二月十二日掲載〕

オンベーコンベー “重要任務” の精霊送り

　日本の民俗では、節目節目に子どもの活躍する場が設けられてきた。生まれて初めての節目は数々の誕生祝いの行事で、お七夜、初宮参り、お食い初め、ヒャクヒトエと県内の各地にこまごまとした行事が伝わる。しかし、今日ではこうした丁寧な行事は省略されつつある。とい

施餓鬼旗を集めて村中を回る子どもたち＝磐田市下野部大楽地

うより、庶民の暮らしに戻ってきた。

本来こうした丁寧な赤ん坊の行事は、貴族や武家といった身分階層のあった時代の上流階級の行事だった。庶民の赤ん坊の行事は、前回までに紹介したヤシ祭りであり、凧揚げであり、つなん曳きなのである。つまり、家の行事ではなく共同体の行事なのである。

子どもは、この世に生を受けると何かと共同体の世話になり、ある程度成長すると、自らもその一員として村行事の担当者となる。ここで紹介するオンベーコンベーも、村の一員としての重要な仕事である。磐田市（旧豊岡村）下野部大楽地《だいらくぢ》の小学生たちによって続けられている。

盆が終わる十六日の日中、子どもたちは大きな笹を持ち、念仏鉦を打ちながら「オンベーコンベー、笹の葉ヨイトコヨイトコ」と大声で叫び戸毎まわり、施餓鬼旗をもらい集めて笹に結びつける。村を回るうちに笹は七夕笹のように美しくなる。これを、かつて頻繁に使われた山越えの峠まで運び、谷底に納める。帰路、後ろを振り向くと魔物がついてくると、一目散で峠を駆け降りる。小さな子どもは置いていかれまいと必死で、子どもたちにとってはちょっとしたスリルのある行事である。

これは盆中の最後の精霊送り

で、子どもが担当してきた。遠い昔には青年も参加の行事だったが、子どもだけの行事となって久しく、それを知る人や経験者はすでにない。子どもの担当部分だけが義理堅く残ったのである。

この行事で注目されるのは、村の大人も子どももお互いの顔を覚えられることにある。子どもの民俗行事は、共同体の中で子どもを育てる良好なシステムなのである。

〔平成十八年十二月十九日掲載〕

山の神祭り

笹竹を持って戸別訪問

前回紹介したオンベーコンベーと同様な行事が、袋井市浅名《あさな》の岡山地区（旧浅羽町）にもある。岡山では、小学生が山の神祭りを担当している。十二月八日の深夜の行事で、まず山の中に祭られている山の神に参る。暗くて急な山道を一列に並んで登ると、登り詰めたところに新藁と竹で作った小さな祠《ほこら》がある。これは毎年、上級生によって作り替えられる。いわゆる、遠州の平野部によく見かける地の神の祠と同形態の祠で、毎年新調する古い姿をとどめたものである。

ここでお神酒や塩、水などを供えて、一人ずつ参拝する。坂の上に安置している祠で滑りやすく、参拝するのも並大抵ではない。参拝が終わると直会《なおらい》である。お神酒と肴の奴豆腐、煮豆が回される。お神酒はまねごとで、豆腐や煮豆をもらって直会は終了となる。

こうして神前の行事が終わると山を下り、紙垂《しで》をつけた笹竹を持って戸別訪問を始める。「山の神様の勧進《かんじん》ヤイ。米なら一升、お金なら五百円、お盆は嫌いだ桝でおくれ」、と大きな声で叫び、勧進を受けると竹を振ってお礼をする。「勧進」というのは、宗教者が何らかの宗教行為をして、その代償として米や金をもらうことをいう。岡山の子どもたちも家々を祓い清めてその代償をもらっていたが、今はお礼に竹を振るようになった。

新しい祠を立てる子どもたち
＝袋井市岡山

このような子どもの行事には勧進行為はつきもので、物もらい行為だとして、学校から禁止された歴史を持つ民俗行事の一つである。しかし、子どもの民俗行事は、今風にいえば総合学習実践の場であり、社会教育の場である。学校教育では得られない効用がつまっている。

この山の神祭りも大楽地のオンベーコンベーも、青年と子どもが一体となって行ってきた行事だった。大楽地では子どもの担当部分だけが残ったが、山の神祭りは、神事の部分も子どもに託され、今日に至っている。

子どもも村の行事の担い手として認めてきたのが、日本の伝統的な民俗なのである。

［平成十八年十二月二十六日掲載］

【遺跡編】

辰巳均

根堅遺跡
旧石器化石人骨を出土

（たつみ・ひとし）浜松市役所文化財担当課長。著書は「静岡県史資料編 1、2」（共著、静岡県教委）「伊場遺跡 2､3､5」（共著、浜松市教委）など。1950年湖西市生まれ、浜松市在住。

昭和三十年代前半、三ヶ日町只木の石灰岩地帯で化石人骨や化石動物骨が相次いで発見され、「わが国初の旧石器時代人骨三ヶ日人発見」と全国ニュースとなった。

同じころ、根堅の名刹岩水寺の西隣の石灰岩採掘場からも旧石器時代の化石人骨が発見された。東京大学人類学教室と同地学教室の合同調査が行われ、遺跡は「根堅遺跡」と命名、発見された化石人骨は「浜北人」と命名された。以来、「浜北人」は「三ヶ日人」とともに、本州を代表する旧石器時代人として多くの歴史書や教科書などで紹介されてきた。

根堅遺跡は石灰岩の割れ目洞窟で、主洞と副洞があり、その堆積土中からトラ、ヒョウ、アナグマなどの獣骨化石に混じって、人間の頭骨片、上腕骨片、脛骨片、歯などが上下二層で発見された。

さて、旧石器時代の研究分野では、約六年前に世間を大きく騒がせた「神の手事件」（旧石器捏造事件）を契機に、最新の

「浜北人」の人骨が発見された根堅遺跡＝浜松市根堅

C14年代測定法によって日本列島各地から出土した旧石器化石人骨とされるものの年代を見直す作業が行われた。この作業にあたったのは、お茶の水大学の松浦秀治教授と近藤恵助手（当時）の浜松北高出身コンビである。

その結果、驚くことにこれまで旧石器化石人骨として広く知られた「三ヶ日人」はじめ各地の旧石器時代の化石人骨はことごとく縄文時代以降のものであることが明らかとなった。そして本州で唯一旧石器時代の化石人骨と確定されたのが、この根堅遺跡出土の「浜北人」である。この化石人骨は、上層で発見された骨が約一万四千年前の二十歳代の女性のものであり、下層から発見された骨は約一万八千年前の性別不明ながら縄文人的特徴をもつものであると報告された。

残念なことに根堅遺跡はその後も石灰岩の採掘が行われ、大きく景観を失ってしまった。しかしながら、この地域では数年前に滝沢町行者穴洞窟で約一万年前の遺跡が発見されるなど、日本人のルーツを探る上で重要な発見が期待できる場所がまだ数多く残されている。

［平成十九年一月九日掲載］

蜆塚遺跡

発掘調査、市民も参加

蜆塚遺跡は、佐鳴湖を見下ろす丘の上にある東海地方を代表する縄文時代の遺跡である。その名のとおり、シジミの貝殻が塚になっていた場所で、地元では古くから知られており、戦前から多くの著名な考古学者がこの地を訪れ、学会誌などでも詳しく紹介されている。

調査は、戦後の混乱がようやく収まった昭和三十年（一九五五）から四年の歳月をかけて大々的に行われた。この発掘調査は当時の浜松市にとって一大事業であったが、その背景には、静岡市にある弥生時代の「登呂遺跡」への対抗心があったといわれている。縄文時代の貝塚遺跡の発掘調査は、静岡県内では初めてであり、調査と並行して復元家屋を建てるなどの公園整備を進めた結果、昭和三十四年に国指定史跡となった。

調査によって、蜆塚遺跡は縄文時代の後期から晩期、約四千年前から三千年前までの千年にわたる集落遺跡であることが明らかとなった。貝塚は、後に発見された作りかけの一カ所を含め四カ所あり、径百㍍のエリア内に円環上に並び、貝塚の下やその内側から平地式住居跡や墓地が多数発見された。また出土遺物には、縄文土器のほか、新潟県姫川産のヒスイの大珠や、矢じりの刺さった鹿の骨などの貴重な資料も数多く出土した。

この調査には、全国から集まった考古学者や学生だけでなく、一般市民も多く参加した。市民の関心は高く、近隣の住人たちは学生たちを自宅に泊めるなどして協力し、また中学生や高校生など多くの住民が作業に加わり、見学者も多数訪れた。現場では、その日の調査成果を交えた解説会が随時行われ、大変な熱気であったという。

現在、遺跡は史跡公園として整備されており、浜松市博物館のほか、日本で初めて貝塚の断面を樹脂で固めて常時見学できるようにした施設や、五棟の復

復元家屋も建てられている蜆塚遺跡＝浜松市蜆塚４丁目

元家屋、江戸時代の移築家屋などがある。

　平成十八年度は発掘調査五十周年を記念し、地元小学校や住民が約半年をかけて遺跡公園内に竪穴住居を作り、遺跡と地域のふれあいの場にする活動が行われている。

［平成十九年一月十六日掲載］

伊場遺跡群
注目集めた「文字資料」

　伊場遺跡は、太平洋戦争が終わって間もない昭和二十四年二月、米軍による艦砲弾炸裂孔の跡から西部中学校の生徒が弥生土器を見つけたことが発見の端緒となった。

　伊場遺跡群は東西八百メートル、南北千二百メートルの広がりを持つ大遺跡で、地区により伊場、城山、梶子、梶子北、九反田、鳥居松遺跡と別名称で呼ばれるが、遺構は切れ目なく続き、ほぼ一続きの遺跡である。年代は、縄文時代前期から中・近世に及ぶが、中心となるのは弥生時代中・後期と律令時代（奈良・平安）である。

　伊場遺跡の名が全国的に有名になったのは、昭和四十三年に始まった発掘調査で、律令時代の遠江国敷智《ふち》郡の郡家跡、栗原駅家跡が発見されたことによる。伊場遺跡では大溝（河川跡）が確認されており、その後の調査で遺跡群を貫くように流れ、

律令国家形成期を知るうえで貴重な木簡が出土した伊場遺跡群＝浜松市東伊場２丁目

その先は遠州灘に通じていると考えられた。

この大溝内はじめ遺跡群全体から、木簡が百八十点余も発見された。この木簡には、大宝律令（七〇一年）施行以前から平安時代中ごろまでの地方の実態が記されており、律令国家形成期を知るうえで貴重な手がかりとなった。

同様に墨書土器も九百点余が出土しており、郡名、郷名、駅名、官舎名、職名、人名などが記されている。「布知厨」「布智厨」「郡鎰取」などは郡家であることを示し、「栗原」「栗原駅長」「馬長」は駅家、「少毅殿」「竹田二百長」は軍団が近くにあることを予想させる。

発掘当時、文字資料である木簡や墨書土器が地方の遺跡で出土した例は極めて稀であることから、歴史学者の注目を集めた。

また、大溝の両岸には掘立柱建物跡などの遺構が確認されており、大宝律令施行以前から平安時代中ごろにかけて、郡家や駅家、津に関連する施設が大溝に沿って並んでいたと考えられる。なかでも梶子北遺跡では、規則的に配置された平安時代初期の建物群が見つかっており、このあたりに郡家の中心施設である政庁や官舎があったと考えられる。

［平成十九年一月二十三日掲載］

赤門上古墳と銚子塚古墳

地位示すモニュメント

古墳時代に入ると、天竜川平野に暮らす人々は、三方原台地や磐田原台地の縁辺部や北部山麓に墓を築いた。それぞれの地域には数百基に及ぶ古墳が残っている。

天竜川右岸地域において最大・最古の古墳が、浜松市内野台にある赤門上古墳である。古墳時代前期（四世紀後半）に築かれた前方後円墳で、その規模は、全長五六・三メートル、後円墳の直径は三六・二メートル、高さは四・九メートル、前方部の幅は一四・七メートル、高さは一・一五メートルである。

赤門上古墳は昭和三十六年に県立浜名高校によって発掘調査が行われ、後円部から、埋葬施設として全長五・五八メートルの割竹形木棺が発見された。この木棺は、直径一メートル以上もあるクスノキを縦に半割し、内側は朱塗りで、中から三角縁四神四獣鏡《さんかくえんししんしじゅうきょう》、管玉、大刀、剣、銅鏃《どうぞく》、鉄鏃、刀子、鉄斧《てっぷ》、鎌などの前期古墳特有の副葬品が良好な状態を保って出土した。なかでも三角縁四神四獣鏡は、同じ鋳型で作られた鏡（同笵鏡《どうはんきょう》）が、京都府椿井大塚山古墳、奈良県黒塚古墳、滋賀県雪野山古墳などで計八面出土していることから、赤門上古墳の被葬者が当時の畿内の有力者と濃密な政治的関係に

天竜川右岸地域で最大・最古の前方後円墳の赤門上古墳＝浜松市内野台４丁目

磐田原台地にある県内最大級の前方後円墳の銚子塚古墳＝磐田市寺谷

あったことが伺われた。

　赤門上古墳の対岸、磐田市寺谷の磐田原台地にある同時代の古墳が銚子塚古墳である。正式に調査されたことはないが、全長一一二メートル、後円部の直径は六三メートル、高さは九・六メートル、前方部の長さは四九メートル、高さは四・五メートルを測り、県内で最大級の前方後円墳である。明治時代に地元の好事家によって主体部が発掘され、三角縁三神三獣鏡、巴形銅器、銅鏃が出土した。この三角縁三神三獣鏡も、同笵鏡が山梨県向山古墳、岐阜県打越古墳で出土している。

　また、銚子塚古墳の西側に接して、全長四七メートルの前方後方墳である小銚子塚古墳がある。未調査のため年代は不明だが、銚子塚古墳に先行する遠江最古の古墳である可能性が高い。

　これらの古墳は、天竜川平野に勢力をもつ最有力者が、畿内政権の後ろ楯を得て前首長の葬儀を執り行い、次期首長としての地位を内外に示すために築いた政治的なモニュメントと考えられている。

〔平成十九年一月三十日掲載〕

恒武遺跡群
祭祀遺物が大量に出土

　天竜川平野の遺跡は、洪水を避けるために自然堤防上に営まれることが多い。こうした場所は代々集落が営まれ続けるた

古墳時代中期の水辺の祭祀跡が見つかった恒武遺跡群＝浜松市恒武町

め、遺跡は古くからの集落と重なり合っており、調査されることは稀である。浜松市恒武町一帯も調査以前から、古墳時代から奈良時代にかけての土器が採集され、かなり大きな遺跡の存在が予想されていた。

　この遺跡は、たまたま浜松環状線の建設工事が行われたことにより、約十年前から五年余をかけて発掘調査が行われた。その結果、広い範囲で古墳時代前期（約千七百年前）から戦国時代（約五百年前）までの遺構・遺物が発見されることとなったのである。

　注目すべきは、遺跡中央部に数百メートルにわたって確認された川の跡である。幅二十メートル、深さ二メートルの川跡から、古墳時代中期のたたり状木製品、蓋《きぬがさ》、机、筑状打弦楽器、琴、漆塗りの大刀把などの木製祭祀具をはじめ、子持ち勾玉、剣形、勾玉形、臼玉などの石製模造品、鹿角製の刻骨、初期須恵器など、祭祀に関係した遺物が大量に出土した。

　このような出土例は、奈良県布留遺跡や三重県城之越遺跡などでも見られ、いずれも豪族居館近くで出土していることから、豪族が行った水辺の祭祀に用いられたと推定される。本遺跡も、この一帯を治めていた地方豪族が、首長権の維持や発展にかかわる水辺の祭祀を執り行った場所である可能性が高い。

注目すべきもう一点は、奈良・平安時代の溝跡、掘立柱建物跡、竪穴住居跡などから、役所の存在を予想させる墨書土器（文字が記された土器）、すずりのほか、祭祀に使用する人面墨書土器、人形、馬形、手づくね土器などが出土したことである。

これらの出土遺物の内容から、恒武遺跡は、奈良・平安時代には役所跡かあるいは役所などによって公式に行われた祭祀の場と推測される。ここは、当時の行政区画でいう長田郡、麁《あら》玉《たま》郡、豊田郡の境界にあたる地域と考えられることから、遺跡は郡家のような地方行政の中心部ではなく、その出先である可能性が高い。

〔平成十九年二月六日掲載〕

【橋と秋葉道編】

■小杉達■

（こすぎ・さとし）元県立高校教諭。県民俗学会会員。「東海道歴史散歩」（静岡新聞社刊）「東海道と脇街道」（同）「天竜川流域の暮らしと文化」（分担）など著書多数。1943年森町生まれ。磐田市在住。

■船橋
川に舟並べて、板渡す

天竜川の橋は、鎌倉時代の一時期を除いて明治初期まで一度もかけられなかった。川幅の狭い信州側にはあったけれど、川幅が広い上に水量が多く、流れが早い遠州側では、江戸時代まで橋をかけることは難しく、できなかった。川を渡るには渡船に頼らざるをえなかった。

しかし、もう一つ川を渡る方法があった。それは川に舟を並べて固定し、舟の上に板を渡して通るもので、「船橋《ふなはし》」とか「浮橋《うきはし》」といった。手っ取り早く川を渡ることができるので、『太平記』には敗走する新田義貞が周辺の民家をつぶして船橋をかけて渡った様子が描かれている。織田信長が甲州武田軍を討って凱旋したとき浜松城にいた徳川家康は船橋をかけて迎えているし、家康が大坂冬の陣に向かうときも船橋を渡っている。船橋は一度に大勢が渡るときには便利であった。だから朝鮮通信使は静岡県を通った十回（来朝は十二回）とも船橋を利用している。

明治天皇も船橋を渡って江戸

天皇御東幸之図（静岡県立中央図書館蔵）

へ行った。近代国家を作るために遷都することに決した天皇は、明治元年九月二十日に京都を立って東海道を下り、浜松宿に泊まって十月三日の午前十時、鳳輦《ほうれん》に乗って天竜川を越したのである。そのときの船橋の作り方は次のようであった。

天竜川や遠州灘沿岸の各地から七十八艘の舟を集め、舳先《へさき》を川上に向けて一間（六尺＝一・八メートル）間隔に舟を並べ、シュロ縄、竹縄、大鎖でつなぐ。結んだ舟が流されないように、上流に木の枠を組んでその中に大石を詰めて固定し、そこから綱で各舟を結び、さらに六つの大錨で結んだ。

舟の上と、舟と舟の間には角材を渡して板を張り、その上に空き俵を乗せて川砂を五寸（一五センチ）の厚さに敷いた。こうして幅は三間、長さ百二十四間（二二三メートル）、両脇に高さ四尺の欄干をつけた立派な船橋ができた。費用は一万五千両もかかったという。四千人の行列が渡り終えると二日間だけ一般に開放して取り払われた。

新しい時代の幕開けは、船橋を渡って始まったのである。「船橋之記」が、鉄とコンクリートで頑丈にできている天竜川橋のたもと、浜松市中野町の六所神社北側に建っている。

［平成十九年二月二十日掲載］

刎橋

刎ね木重ね橋脚使わず

山梨県大月市に橋脚を使わない橋がある。両岸の岩盤に穴をあけて横木（刎ね木）を斜めに差し込み、それを何段も重ねてからその上に板を掛け渡したもので「刎橋《はねばし》」とか「猿橋」といわれている。甲州街道にかかるこの橋は日本三奇橋の一つで、国の史跡に指定されている。

　これと同様の橋が水窪川にもかかっていた。場所は、水窪川が天竜川に合流する浜松市佐久間町西渡の今の大井橋のところである。天竜川は川幅が広すぎて橋をかけることができなかったが、支流である水窪川には橋脚のない橋ならかけることができた。ここは三遠・南信を結ぶ生活の道であり、秋葉道とも呼ばれた信仰の道でもあったから橋がなくては往来ができない大事なところであった。江戸時代末期のこの橋の実態をみてみよう（浜松市大滝・平出智伯家文書）。

　橋を作るために、両岸を石垣で固定する。その上に両岸から二本ずつ「一の刎ね木」を斜めに設置する。その太さは一尺二寸（三六センチ）の槻《つき》の角材で、長さは四間半（約八メートル）。さらにその上に「二の刎ね木」を乗せる。太さは同じだが、長さは六間半もあって十一メートルを越す。こ

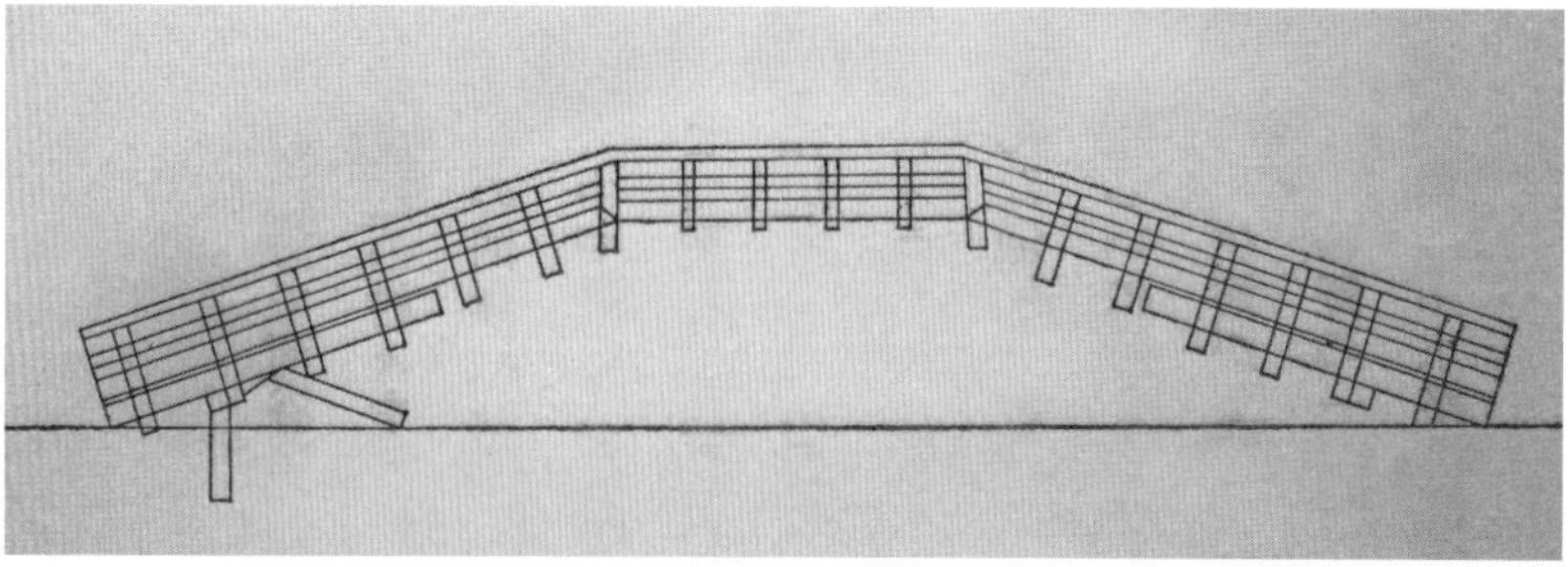

刎橋の図（「佐久間町史　上」より）

大正時代の吊り橋の大井橋

んなに太くて長い木を、一里余も遠くの山から細い道を運んでこなくてはならないから一本に三十五人もの人足が必要であった。刎ね木の上に桁《けた》や橋板を並べて六寸釘や鉄のカスガイを打って固定する。このためにたくさんの材木と金属が必要であった。

　こうして長さ十八間、幅三尺六寸で、高欄つきの橋（図参照）ができあがった。しかし、洪水で流されてしまう。文政一二年（一八二九）に改築したのに天保一四年（一八四三）には壊れ、すぐ再建したところ嘉永三年（一八五〇）の洪水で再び流されてしまった。明治二年にも流されている。そんなときは交通が途絶してしまい、対岸と連絡ができなくなってしまうから、矢に手紙をつけて弓で射る矢文を送って対岸と連絡するしか方法がなかった。このように、川を渡るということは大事業であった。天竜川本流はなおさらである。

［平成十九年二月二十七日掲載］

渡船■行商人や花嫁も利用

　天竜川には橋がないから渡船を利用した。平安時代初期に渡船の数を二艘から四艘に増やすほど交通量が増えていたが（『文徳実録』）、西行法師が舟に乗っていたとき後から乗ってきた武

渡船を使って天竜川を渡った花嫁＝浜松市伊砂

士にムチで叩かれる事件があってから（『西行物語絵巻』）、川の流れの速さと乗客のマナーに恐れを抱いた人が多かった。そこで江戸時代になると磐田市池田の渡船衆は権現様（徳川家康）から「船頭に乱暴するな」という証文をもらって渡船権を有利に活用した。しかし、これは船頭を保護して川越しがスムーズに行われるための配慮でもあった。

　このような国家的な支援の下に行われた渡船とは別に、各地の必要に応じて渡船場が設けられていた。大正時代の渡船場は、上流からいうと中部・半場・戸口・大輪・西川・生島《おくじま》・雲名《うんな》・横山・月・伊砂《いすか》・船明・米沢《みなざわ》・塩見・川口・上島・神田・中瀬・永嶋・高薗・寺谷・匂坂上《さぎさかかみ》・匂坂中・河輪・芳川・金折・老間などがあった（『磐田郡誌』）。伊砂（船明ダムの北西）で行われていた渡船の実態をみてみよう。

　舟は村持ちで、大きさは十人くらいが乗ることができた。船頭は各家が回り番で二日ずつ担当したから一月半で回ってきた。昭和十年より前は入札による請負制であったが、利用者が少なくなったために当番制となった。当番の日は、弁当をもって河原の船頭小屋にいき、バスに乗る中学・高校の生徒や外に働きに行く人たちの送り迎えをして、朝出て行った人が戻るまでつとめた。昼はお使いに行く人や行商人、時にはお嫁さんも舟で渡った。渡し賃は地元と対岸の船明の人は無料だった。

川にはワイヤが渡してあって舟と結んでいたから、舳先を上流に向けてヘラ（櫂・オールの一種）を川に入れるだけで自然に前に進んでいく。棹は発着のときだけ使った。大水のときは休みにするが、どうしても渡さなくてはならないときは、舟をワイヤからはずして上流に引き上げ、斜めに突っ切ることもあった。船明ダムができる前年の昭和五十一年に伊砂橋ができたために渡船は終わった。

その後、少し上流の月の渡船が終わって、天竜川の渡船はすべてなくなった。

〔平成十九年三月六日掲載〕

信仰の道

“神域”に鳥居や常夜灯

秋葉山は、アキハさん、アキバさん、アキワさんなど、地域によって呼び方が少しずつ異なるが「火伏《ひぶ》せの神」として全国的な信仰を集めてきた山である。

火事が泥棒より怖いのは、家を一度に数軒も、数十軒も焼き尽くして全財産を失ってしまうからである。かつてあったという村八分は、火事と葬式だけは除いたというのも、火事と葬式は個人の問題ではなく地域全体の問題であったからである。だから、村や町単位で秋葉講を組織して、火災防除を願って毎年代表が交代で天竜川中流域にある秋葉山へ参詣した。このため東海道を通る関東の旅行者の八割は、掛川から森町を通って秋葉山へ参詣したというほど多かった。

このため秋葉詣の人が通る道を「秋葉道」というようになり、道標や秋葉常夜灯が建てられた。最古の道標は貞享四年（一六八七）の浜松市山東のものであり、翌五年の同市渋川の灯篭にも「右秋葉山」とある。秋葉灯篭は集落ごとに建てられ、各家が毎晩交代で火を灯して、火の尊さと恐ろしさを確認

秋葉の第二鳥居と秋葉灯籠《とうろう》＝浜松市小松

していたが、夜道を照らす陸の灯台の役割も果たしていた。これを「竜灯」と呼び、豪華な屋根、絢爛たる彫刻を施したものが多く、今でも遠州地方の特徴ある景観となっている。

　秋葉山を目指す主な道には鳥居が建てられていた。浜松宿・田町の一の鳥居、小松（旧浜北市）の二の鳥居、そして秋葉山中腹の三十町目（旧龍山村）、社殿の下というように南から次第に神前に近づいて緊張感を高めて行く効果をもっていた。また、東は掛川、西は熊（旧天竜市）、北は青崩峠（旧水窪町）、さらに寺谷（磐田市）にもあったから、鳥居は秋葉山を中心にして円形に建てられ、霊山への入り口としていた。

　山麓の表口（犬居口）、雲名口、戸倉口、下平山口などの登山口には、町（丁）石が建っている。東雲名の一町目の町石は安永五年（一七七六）に池田（旧豊田町）の人たちが建てたものである。ここから舟に乗って池田に下り東海道へ出る人が多くなっていたためにお礼として建立したものである。歩く旅の時代でも舟を利用する人が多くなっていて、貨幣経済が進んできていたことを知ることができる。

［平成十九年三月十三日掲載］

生活の道
塩や米、木炭など運ぶ

秋葉山は八八六メートルもある高い山であるが、駿河・三河・遠江・信濃の東西南北を結ぶ結節点であって、この山を通らなくてはどこへも行くことができなかった。「すべての道は秋葉山に通ず」といえよう。なぜなら天竜川の船明ダムより上流は川沿いには道はなく、尾根道を利用するしかなかったからである。秋葉ダム湖のあたりから上を見ると、山腹に今もたくさんの人家が見えるのはそのためである。川沿いに道ができてくるのは明治になってからであり、車が通れるようになるのは昭和になってからである。

この秋葉山を通る道が東国古道とか塩の道と呼ばれた古くから生活の道であったことは塩や米、木炭などの生活物資を人が担いだり、馬に乗せて運んでいたことによってもわかる。例えば、水窪から青崩峠を越えて信州飯田に荷物を運んだ「馬追い」がいた。馬子唄を歌いながら馬宿に泊まっては往復していたのである。浜松市水窪町池島の馬宿をしていた池田柾家には「馬方帳」が保存されている。

荷車で荷物を運んでいる人もいた。同市佐久間町横吹の「車引き」をしていた人は、朝三時半に起きて提灯をつけて同市佐久間町西渡へ向かう。明光寺峠に荷車を置いて、水窪から運んできた荷物を担いで西渡の問屋へ渡す。運び賃を受け取ってから天竜川の船着場に下りていって舟で運んできた水窪行きの荷物、たとえば米俵とか酒樽をもって問屋で手続きをしてまた八丁坂を上って荷車に乗せる。この坂は一キロにも満たないけれど急坂であるから一時間余もかかった。

このとき船着場で「浜ショイ(背負い)」と呼ばれる地元の女性に頼んで車に乗るだけの荷物を峠まで運んでもらった。背板に荷物をつけて賃仕事をしていた彼女らこそが水窪の生活を支えていたのである。今は隔年の

大正時代の馬追い（浜松市の高木寿樹家所蔵）。右は馬方帳（池田柾家所蔵）

秋に「浜背負い祭り」をして往時を再現している。

　水窪―西渡の十二キロの山道を毎日荷車を引いている人が数人いたので、道路の石が車輪でへこんでしまった所がある。このワダチ（轍）の跡が今でも同市佐久間町間庄に残っていて、車引きのガンバリの跡である。これを「歯道」と呼んでいる。

［平成十九年三月二十日掲載］

【林業編】

青山喜宥

献植
江戸時代の信仰の表れ

（あおやま・よしひろ）天竜森林組合長。東京農大大学院修了後、家業の林業に従事。天竜市森林組合（現天竜森林組合）理事、常務理事、専務理事を経て1993年から現職。69歳。浜松市横山町（旧天竜市）出身、在住。

　天竜川やその支流一帯の山々は、川岸から山の頂上に至るまで杉やヒノキが植えられ、耕して天に至るという表現そのままの一大森林地帯となっている。

　この地域の山に人が木を植えはじめたのは、いつごろからであろうか。伝えられるのは、文明年間の一四七二年、浜松市春野町の秋葉神社境内に杉、ヒノキの苗木が植えられたといわれる。

　記録に残るものでは、同市水窪町の山住神社の宮司が、元禄九年（一六九六）に熊野神社へ参詣の帰途、杉、ヒノキの苗木三万本を伊勢より持ち帰って植えたという。赤穂浪士の討ち入りの六年ほど前のことになる。

　その苗木は、伊勢より船で吉田（豊橋）まで運び、川舟で新城まで引き上げて、そこから水窪町まで馬で運搬し、さらに神社まで人の肩に担いで運んだ。宮司は、その五年後に再び伊勢に行って三十六万本という大量の苗木を買い求め、これを山住神社の境内などに植林をした。

　その他、佐久間町の神妻《かずま》神社

天竜川流域は古くから一大木材の生産地で、現在も美林が広がる

や水窪町の明光寺などにも植林がされたといわれる。これらは、いずれも神仏の信仰により植えられた。お金を寄付することを献金というが、信仰により木を植えることから「献植」という。

江戸時代のはじめから天竜川の上流の村々より徳川幕府へ年貢として木材を納めるようになり、中・下流の沿岸の村々では、これを流送するための作業に多くの人が動員された。しかし、天竜川を使って木材を流送したり、舟で運ぶには水の流れが十分な深さの川底でなく、徳川家康は、京都の豪商で貿易商、木曽の木材の運送業者であった角倉了以に命じ、川の流れがよくなるよう浚渫《しゅんせつ》作業を行い、筏や舟の運行ができるようにした。

これらのことからこの地の人々は、改めて木材の価値を知り、その利用に深い関心を持つようになった。さらに、幕府が正徳から宝暦年間に苗木を山に植えるように勧める触れを出していることなどもあり、次第に農家が農閑期に雑木を切り倒して杉、ヒノキを植えるようになった。

［平成十九年三月二十七日掲載］

天竜材
江戸復興へ大量送出

天竜木材の価値が高まったのは江戸中期からで、中流の浜松市天竜区龍山町、竜川、阿多古

江戸幕府が御番所を設けて「十分一税」を徴収した浜松市天竜区二俣町北鹿島付近

などの地域では、杉、ヒノキなどの板やヌキ（樌）、小角材、さらに薄板に加工した屋根材のこけら（柿）板の生産が大変盛んになった。

特に弘化年間（一八四四）から幕末にかけて、江戸城が度重なる火災の都度再建され、安政の地震では江戸の町が大きな災害を受け、その復興のため木材を大量に送り出し、一回の取引額は現在の価格で億単位の巨額のものもあった。

幕府はこれらの天竜川を流下する木材に対し、元和三年（一六一七）に二俣町鹿島に御番所を設けて代官を出張させ、「十分一税」という高い税を徴収した。安政四年（一八五七）には、これを徴収する請負人を決めたので、税の取りやめを請願し、それが無理なら山元の村々を請負人にしてほしいと、沿岸の村七十三カ村、三千人の農民が代官所へ訴え出る事件があった。

代官所はこの農民の力に驚き、税の取りやめはしなかったが、この請負人の制度をやめ、山元の立ち入りを認め、処分者も出さず山元農民の勝利となった。

このころの天竜川やその支流の地域の農林業は焼き畑が主流だったが、木材や茶、紙の原料の楮《こうぞ》、三椏《みつまた》、まゆ、椎茸、木炭など多くの作物や商品を作り、山元の農民は次第に経済力をつけ、その中の有力の者はこれらの商品を流通する山元業者になっていった。

木材やこれらの商品を天竜から江戸に送ることになったのは、特に木材が重量も多く、当時の交通事情から水路を舟で運送する以外に方法はなく、江戸の消費地から最も近い地理にあったのが天竜であったことによる。

当時土地の売買は禁止されていたが、農民が生活に困ると、その所有する幼齢の立木の権利を一定の期間に限って他の人に売る「年季山」や、土地を担保に金を借りる「山林書入」の制度が進み、多くの山林が地区外の人の所有とならずに残り、地元の中・小農民が山を守り、木を育ててきた理由の一つと思われる。

［平成十九年四月三日掲載］

金原明善

洪水防止へ無償の行為

明治時代に入って、禁じられていた山林（土地）の売買が認められ、それまで多数の人が共同で伐採や植林をする「入会山」などが個人や共有の土地となり、それが力を持つ山元業者や地主などのもとに集中し、そこに植林がされていったのが天竜地方の本格的な人工造林のはじまりとなった。

その植林に大きく影響を与え

今もその功績をたたえる明善翁の胸像が天竜川を見つめる＝浜松市天竜区二俣町鹿島

金原明善が明治21年より植林したといわれる天竜区龍山町の瀬尻国有林

たのは、金原明善の植林のすすめであった。明善は浜松市東区安間町に生まれ、幼い時から毎年のように度重なる天竜川の洪水の被害を身をもって感じていて、川を治めるためにはその水源の地域に木を植えることが肝要だとして、天竜区龍山町の国有林へ明治十九年より十三年間に杉、ヒノキの苗木約二百九十二万本を植えたほか、付近の村や県内外の各地でも大面積の植林を行った。地元の農民にも苗木を与えて植林を勧めた。

　その後、明治末から大正初めにかけて天竜区熊などの各種団体が水窪町の県境付近の奥地の広い範囲に植林をした。

　また、明治の中頃から農民が焼き畑をしてソバやヒエなどを栽培した後へ、地代として杉、ヒノキの苗木を植え、それが成長する数年の間、楮や三椏を栽培した後に所有者へ土地を返す事が行われた。

　さらにこの頃から木材の価値が上がり、次第に細い材も売れるようになり、農民が積極的に木を植えるようになった。明治二十三年に天竜区春野町に、同三十二年には佐久間町に王子製紙の工場が建設され、パルプの原料のモミ、ツガを伐採した跡地に植林した。

　しかし、この頃の山村の状況は、道路も自動車もなく、まして電気も水道もない時代で、奥山まで人が苗木を背中に担いで登り、一本一本の苗木を植えた。

五十年先、百年先に植えた木が育って、利用したり売れるかどうかなどを考えていたものであろうか。将来、何か役立つと考えたとしても、それはほとんど見返りを期待しない無償の行為に近いものではないかと思っている。

〔平成十九年四月十日掲載〕

集散地
山元業者と問屋が対立

天竜川下流の磐田市掛塚港は江戸時代より遠州の木材や多くの商品の集散地であり、ここに多くの船を所有して物資を運ぶ回漕業の掛塚問屋があった。

問屋は木材を江戸の木場問屋へ一手に運送していたが、その商売は無条件委託に近い信用取引だった。流通業として大きな力を持ち、有力な問屋は山元で直接立木を買い取り、また農民や山元業者に前渡し金を払うなど次第に中小の山元業者はその下に従属するまでになった。これに対して山元業者は掛塚以外の港から木材を運んだり、船舶を自分で所有して輸送し江戸に支店を出す者も出た。

これらの対立は明治後期まで続いたが、明治二十二年に東海道線の鉄道が開通し、輸送が海から陸に代わり、掛塚問屋は次第に衰退していった。

製材は、それまで山元または掛塚港で手挽きにより行われていたが、明治八年より水力や蒸気力による機械の製材が始まり、山元の小規模な工場は板を中心に挽き、浜松市東区中野町、和田町周辺では百馬力以上の大きな規模の工場が次々と新設された。

時代が下って昭和十五年に国鉄二俣線が開通して、二俣から木材の輸送が可能となり、中流の二俣町周辺にも製材工場が次々と作られ、第二次世界大戦後は中野町方面をしのぐほどの製材産地として大変に繁栄した。

大正十二年に関東大震災が発生、災害復興のための大量の外

明治から昭和まで木材はそり（木馬）によって運ばれた（平成18年10月再現の様子）

国産木材が輸入されたが、その需要が終わった後も輸入は増加、その安い価格に木材業界は大きな打撃を受けた。

　当時の天竜川材木商同業組合は和歌山や秋田の同業組合と図って外国産の木材に対して関税引き上げを国へ強く請願して、昭和四年には関税引き上げ案が国会を通過し、外国材は駆逐されていった。

　しかし、第一次大戦の好況からの反動で、大正末期から大恐慌となり、木材価格も暴落して林業も木材業界もどん底となった。山元の農民はこの苦境から山林を売り、いったん下流の商人などの手に渡るが、その後多くの山林を農民の共同出資や、村が村有林として買い戻し、山林が村外の人の手に渡り分散することを防いだ。

［平成十九年四月十七日掲載］

将来像
手入れし元気ある森に

　第二次大戦に軍需用の資材として、また終戦後は戦災復興の木材として多くの森林が伐採されたが、混乱した状況下でその跡地への植林は激減した。その後、国や県の積極的な植林の奨励もあり、伐採跡地だけでなく広葉樹を伐採して杉、ヒノキを植え、ピーク時の昭和二十七年には、北遠地方だけで年間約千五百㌶の植林がされた。

大工に代わって住宅の柱や梁を刻み加工するプレカット工場＝浜松市天竜区船明

終戦後の混乱の中、日々の食糧もなく前途の希望も持てない状況下でなぜ大規模な植林がされたのか、当時子どもであった私は、その光景を目の前にして育ったが、その理由はよくわからないところがある。

昭和二十、三十年代は木材の需要が急上昇し、木なら何でも売れる時代となって供給が追いつかず、中国や山陰地方の木材まで買い求めて天竜に運んでも採算がとれるほど業界は繁栄するが、その期間はまことにわずかであった。

その後、原木の供給不足と価格の高騰対策として外国の木材が輸入され、天竜の中流まで運んで製材するようになり、その量は年々増えて今日その占める割合は八割を超す。外国の木材は質、量ともに優れていて安定して供給ができ、価格も安い（現在は高い）ため、天竜産の木材は経済ペースにのらない状況にある。

木材を安定的に供給する体制づくりとして、昭和五十年代より、国の補助事業などにより製材加工施設、住宅の構造材を大工に代わって加工するプレカット加工施設、集成材工場などの整備をして、天竜は全国に先駆ける取り組みをしたが、その後の大量消費の時代に入り、大量生産加工によるコスト削減など対応ができずに不況の今日に至っている。

このように業界は長い不況と低迷が続くが、一般市民の森林に対する見方は、治山治水や水源の確保ばかりでなく、地球温暖化を防ぎ、炭酸ガスを吸収する機能としてその役割に強い関心を持つようになっている。

森林の経済的価値を高めるために創意と工夫、努力をすることが緊急の課題であるが、環境を守る機能を果たすように、放置されている森林の手入れをして元気のある森とすることが、林業に課せられた使命である。

［平成十九年四月二十四日掲載］

【産業編】

坂本光司

（さかもと・こうじ）静岡文化芸術大教授。1970年法政大経営学部卒。浜松大教授、福井県立大教授を経て2004年から現職。法政大客員教授、県立大客員教授も務める。「この会社はなぜ快進撃が続くのか」など著書多数。大井川町出身・在住。60歳。

繊維・繊維機械

歴代の浜松城主が奨励

今日でこそ、遠州地域の三大産業の地位を譲り渡したが、昭和三十年（一九五五）ごろまで繊維は、当地域の最大産業であり、また、近年の当地域の最大産業である自動車産業や楽器産業、さらには電機・電子産業、一般機械産業等の発展のベースとなった産業である。

遠州地域の繊維産業の発展は、初代浜松城主である徳川家康をはじめ、歴代の浜松城主が、当地域の当時の主産業である織物業を関係者に熱心に奨励した事が大きい。

とりわけ熱心だったのが、江戸末期の弘化二年（一八四五）浜松城の二十四代城主となった、井上河内守正春である。井上は、上州館林藩（現在の群馬県館林市）から浜松城に移っている。

館林地域が、当時全国有数の絹織物の産地であったこともあり、井上家は殖産興業に、とりわけ熱心で、藩士の内職や農家の副業として、織物業を奨励している。

遠州地域の織物業の普及に当

1890年、豊田佐吉が発明した豊田式木製人力織機＝湖西市の豊田佐吉記念館

たって、中心的役割を演じたのが、小山みいである。小山みい（旧性寺田）は、浜松近くの農村に生まれ、後に小山家に嫁いで織物の業に励んだ女性である。

機織の技能を極めた名人と言われた女性で、藩内の農家の子女たちに、織り方を熱心に教えまわっている。

明治の末期になると、織機を開発する発明家や、それを事業化する起業家が相次いでこの地域に誕生する。その代表的人物は、豊田佐吉、鈴木道雄、鈴木政次郎等である。そして豊田佐吉は、豊田式織機（現在のトヨタ自動車）を、鈴木道雄は鈴木式織機（現在のスズキ）、そして鈴木政次郎は鈴政式織機（現在のエンシュウ）を創業する。

こうして遠州地域は、単に織物業の産地としてではなく、織機も含む織物産業の、全国有数の産地を形成していく。

［平成十九年五月八日掲載］

楽器

楽器産業のメッカ

全国最大の産地を誇る楽器産業の誕生のルーツは、山葉寅楠が当地域の小学校で故障した舶来オルガンを修理したことから始まる。山葉寅楠は、和歌山県生まれの時計や医療機の修理工で、大阪の河内屋という屋号の機械商に住み込んでいた。

ヤマハのグランドピアノの生産ライン

浜松病院の福島豊策院長が、外国製の医療器械の、修理工の紹介・斡旋を、河内屋に依頼したところ、紹介されたのが山葉寅楠であった。二人は会うや意気投合し、山葉寅楠は浜松に移り住む事になる。

きっかけは、明治二十年、浜松高等小学校（現浜松市立元城小）に唱歌科が設けられたのを機に、郷土出身の貿易商が、アメリカから輸入し寄贈した高価なオルガンが、突然鳴らなくなってしまった。それを難なく修理してしまったのが山葉寅楠である。

山葉寅楠は、修理をしながらオルガンの将来性と、国産化の社会的意義等を脳裏に浮かべその構造を模写している。山葉寅楠のオルガン創《づく》りの決意を知った福島豊策院長や浜松高等小学校の学務委員であった樋口林治郎らは、飾り職人の河合喜三郎らとともに、出資や借り入れの保証人になる等、その起業を支援している。

とりわけ尽力したのは河合喜三郎で、山葉寅楠の起業に当たり「素性の知れないよそ者に…」という親類縁者の反対を押し切り、家屋敷を売り払って、その資金の大半を工面している。

山葉寅楠は試行錯誤の末、明治二十年（一八八七）音楽取調掛（現東京芸大）の伊沢修二所長や静岡県令であった関口隆吉、さらには静岡師範の学校長であった蜂谷定憲等からの技術面、販売面の支援を受け、部品の大半を国内で生産した純国産オルガン第一号を完成し、販売している。

その後昭和二年には、日本楽器製造（現ヤマハ）を退社した河合小市が、七人の同士とともに、河合楽器研究所（現河合楽器製作所）を設立している。その後、両社からスピンアウトした起業家や、新規参入企業が相次ぐ他、大阪に本社を有していたローランドが、遠州地域の楽器産業の集積に期待し、本社を当地域に移転する等、わが国最大の産地を形成している。

［平成十九年五月十五日掲載］

木工機械
国内第二位の産地形成

遠州地域の北部は、古代より木材資源の国内有数の宝庫であり、このため南北に流れる河川は木材の運搬の役割を果たし、その流域を木材の集散地として栄えさせた。とりわけ活発だったのが天竜川流域で、明治の中期、及び末期においては、全国最大の製材工場のメッカを形成していた。

当時の製材工場で使用されていた丸鋸は、全て輸入に依存していた。それゆえ、刃物産業の起こりは、楽器同様、輸入丸鋸の修理がきっかけである。当時、当地域での丸鋸の修理を一手に引き受けていたのが、鈴木宗五郎という一流の鍛冶職人で、その事業化を天龍木材等に持ちかけたのである。

そして明治四十二年（一九〇九）に鈴木宗五郎や天龍木材等は共同出資し、天龍鉄工合資会社として設立している。苦難の末、大正二年（一九一三）には天龍木材の専務（のち社長）だった鈴木信一が社長を兼務し天龍製鋸として再出発し、大正十一年（一九二二）には国産第一号丸鋸となるスター印を世に出している。

刃物を使った木工機械産業の生成と発展に大きな役割を果たしたのは庄田鉄工所（現庄田鉄

国内初の高速ルーターを開発した庄田鉄工は 1968年に世界初のNCルーターを発売した

工）や平安鉄工所（現平安コーポレーション）等である。

庄田鉄工所は昭和元年（一九二六）に庄田和作により創業している。庄田和作は石川県生まれで金沢市の鉄道院金沢工場設計課に勤務していたエンジニアであったが、転勤により鉄道院浜松工場に移り住んでいる。

当時、鉄道院浜松工場の一連の木工機械は、いずれも欧米からの輸入品であり、いつの日か国産化せねばと、庄田和作は退社し、三年間の他社勤務を経て昭和元年に創業している。その後、昭和十四年（一九三九）には、浜松機関庫の庫内手、後に機関手として勤務していた鈴木専平が、平安鉄工所を創業している。余談であるが、鈴木専平は創業までの数年間は、庄田鉄工所に勤務していたが、独立心が強く創業している。

その後両社からのスピンアウトや新規参入企業により、現在も愛知県に次ぎ、わが国第二位の産地を形成している。

［平成十九年五月二十二日掲載］

オートバイ 自転車に発電エンジン

当地域のオートバイ産業は、昭和二十一年（一九四六）本田宗一郎が本田技術研究所（現本田技研工業）を設立し、戦後不要となった旧陸軍の航空機用発電エンジンを自転車に取り付

本田宗一郎が製作した自転車に発電用小型エンジンを取り付けた「ポンポン」

け、エンジン付き自転車（通称バタバタ）として売り出したのがきっかけである。本田は、創業当初は専用機械等の製造をしていたが、たまたま遊びに立ち寄った友人宅で航空機用発電エンジンに出合い、「これを何かに利用できないだろうか……。自転車に付けて車輪を回せたら楽ではないか……」つまり、漕がなくても走る自転車作りを思い付いたのである。

試行錯誤の末、昭和二十一年に、国産初となるバイクモーターとして売り出している。しかしこれに飽き足らない本田宗一郎は、その後独自のエンジンや車体の開発・製造による本格的オートバイメーカーになることを決意し、ついには昭和二十四年（一九四九）最大出力三馬力の本格的オートバイを完成させている。

昭和二十三年頃から昭和三十年頃まで、遠州地域では本田宗一郎の成功に触発され、従業員数名の鉄工所までがエンジン付き自転車を製造し販売している。その数はピーク時約三十五社を数えている。その代表的企業は、鈴木式織機（現スズキ）や日本楽器製造（現ヤマハ）等である。

鈴木式織機は明治二十年、当地域生まれの鈴木道雄が個人で創業した織機メーカーであり、戦前には当地域を代表する織機の総合メーカーにまで成長発展していたが、オートバイ業界に参入している。

　現在、国内第二位であるヤマハ発動機は、当地域で最も後発組のオートバイメーカーである。もともとは日本楽器製造のオートバイ事業部門であったが、昭和三十年分離独立している。先行のホンダやスズキが、原動機付き自転車からスタートしたのに対し、ヤマハ発動機は差別化を図るため、あえて当初からオートバイメーカーとしてスタートしている。

［平成十九年五月二十九日掲載］

電機・電子
産・学が有機的に結合

　遠州地域における電機・電子産業は、昭和三十年（一九五五）当時、当地域産業のベスト10にも入っていない弱小・未集積の産業であったが、今や自動車産業に次ぐ、当地域の第二位の産業にまで成長発展している。

　遠州地域における電機・電子産業の生成は、遠州地域のそれまでの各種分野の技術集積と静岡大学工学部とが有機的に結びついて生まれた産業といえる。その中核的役割を果したしたのが、昭和二十三年（一九四八）堀内平八郎らが中心となり設立した東海電子研究所（現浜松ホトニクス）である。

　東海電子研究所の創業者である堀内は長野県上伊那郡の出身である。小学生の頃、担任の先生から聞いた「北極星からの光は、光の速さで八百年かけて地球に到達する。つまり君たちは八百年前の光を見ているのだ……」という話に心を打たれ、浜松高等工業学校（現静岡大学工学部）に進学している。浜松高工に進学したのは、そこにテレビジョンの研究開発をしていた高柳健次郎博士が在職していたからである。

　卒業後はＮＨＫ技術研究所でテレビジョンの実用化のための研究に従事している。戦後は光

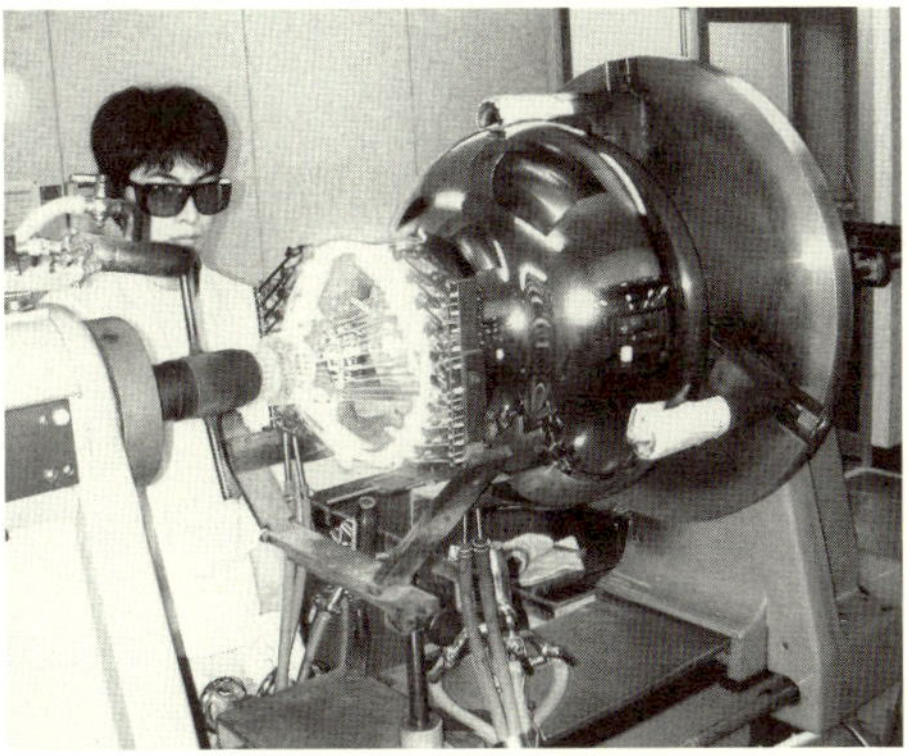

浜松ホトニクスではスーパーカミオカンデの光電子増倍管を生産する

に対する思いを捨てきれず、妻の故郷である浜松に帰り、一人で電子管研究の事業をスタートさせている。その後、高等工業学校の後輩でもある羽生紀夫（元常務取締役）、晝馬輝夫（現社長・会長）らの参加を得て事業を再スタートしている。設立当初から新技術新商品の研究開発力を重視し、次第に光技術の研究工場としての評価を高めていく。

苦労が実り、アメリカの大企業でも部品が採用されたこともあり、世界の光技術企業として名実ともに認知されていく。浜松ホトニクスの成長と発展は、地域内外に立地する企業や、そこで働く電機・電子技術者を大いに触発し、地域企業のエレクトロニクス分野やメカトロニクス分野への進出、さらにはこれら企業をスピンアウトした技術者・研究者らによる、エレクトロニクス産業の起業が相次いでいく。

［平成十九年六月五日掲載］

あとがき

天竜川への関心を高め、未来についても考えてもらおうと、静岡新聞社・静岡放送は平成十六年度から「永遠の天竜川キャンペーン」を展開しています。天竜川にまつわる読み物を紙面展開できないかと始めたのが「天竜川百話」で、平成十七年六月七日から平成十九年六月五日まで二年間、百回にわたり静岡新聞の地方版「浜松圏ワイド」に掲載しました。

執筆者の皆さんには時間のない中での依頼をさせて頂き、大変ご迷惑をおかけしました。中でも、病魔に襲われ車いす生活を余儀なくされている元静大教授の山口幸洋先生が資料写真を探すために水窪町まで足を伸ばして頂き、その姿には頭が下がる思いでした。この場を借りまして執筆者の皆さんにあらためて感謝申し上げます。

平成十九年六月吉日

静岡新聞社浜松総局次長　仁科庄一

天竜川百話

2007 年 7 月 12 日　初版発行

発行者　　　松井　純

発行所　　　静岡新聞社
〒 422-8033　静岡市駿河区登呂 3-1-1
TEL 054-284-1666

印刷・製本　　大日本印刷株式会社

ISBN978-4-7838-0335-5 C0025

■ 定価は表紙に表示してあります。
■ 落丁・乱丁本はお取り替えいたします。